# デートで初めて行った映画は何ですか？

岩崎書店

## はじめに

この本では、様々な年代、職業の
三十人の方に、恋と映画の思い出を聞きました。
二人で映画館に行くって……
ときめく気持ちが伝わってくる、
ちょっと切ない恋の予感の三十篇のストーリー。

思い切りロマンティックな時間を
楽しんで読んでみてください。

そして読み終わったら、
あなたの身近な人に、ぜひ尋ねてみてください。
恋の始まりと映画館での素敵なお話を
語ってくれるはずです。

デートで初めて行った映画は何ですか？

# CONTENTS

## 20代 Twenties

## 30代 Thirties



## 40代 Forties

## 50代 Fifties

## 60代 Sixties

Photo
森田伊津美

Illustration
亀井洋子

Book Design
こやまたかこ

Twenties

# 20代

デートで初めて行った映画は何ですか？

STORY

01

# ロマンティックに
# なりすぎないように
# 面白い映画を
# 選んだ。

イラストレーター

## たなかみさきさん

『木更津キャッツアイ』

高校は美術コースのある学校でした。どこか部活に入ろうと思って体験入部して、パワーリフティング部のマネージャーになりました。部室に漫画がたくさんあって、何だか楽そうだったので。

そこでひとつ年上の、同じようにマネージャーをしていた先輩とつき合うようになりました。すごく頭が良く、特別進学クラスに入っている人で、でもちょっと変わったところもありました。熱帯魚や鳥や動物がすごく好きで、最初のデートは水族館でした。その時、彼が栞を作ってきたんです。何時にどこに集合で、そこからどこへ行って、何時に昼食で……と書いてあるスケジュール表みたいな。一生懸命準備してくれたんだと思います。かわいらしいですよね。

初めてのデートだったので「これがデートなんだ」と思ったけど、栞は最初だけでした。そのあともたいてい行くのは動物園とか鳥が集まる催しものなど動物にからむ所が多かったです。つき合うということに、私はまだ自分なりの考えなんか持っていませんでしたし、先輩でもあったので、彼の主導のもとにつき合っていました。

映画に行ったのはつき合いはじめて半年くらい経った頃。彼が木更津出身で『木更津キャッツアイ』が好きだと言うので。テレビでも話題になっていて、脚本の宮藤官九郎も人気がありました。ドラマもちょこちょこ観てたので、映画自体はすごく面白かったです。つき合いはじめで、とても多感な年齢でもあったので、恋愛映画なんかじゃなく、笑えて、しかも難しくないもののほうが無難だと思って選んだような気がします。ラブシーンが出てきたりして気まずくなるのがとにかく怖かったし、恋愛における一喜一憂がない映画のほうが良いとお互い思ったのではと、今思うとなのですが。ロマンティックにならないようになんて、初デートならではですよね。

その彼とはけっこう長く四年くらいおつき合いしました。つき合っていくうちに深い関係へとなっていったのですが、それゆえに薄れてしまうものもあって、いつしか気持ちがすれ違ってお別れしてしまうことになります。あんなに多感で、ラブシーンを観るのも恥ずかしくて『木更津キャッツアイ』を選んだのにと、何だかちょっと切ない経験でもあるんです。映画を観た時のことは実はほとんど覚えてなくて、たぶん、ものすごく普通でおだやかなデートだったと思うんです。だからこそ覚えていないんだと。

今は観たい映画はひとりで行くことがほとんどです。仕事で観る映画も時々あるので。映画を一緒に観るデートというのは初めての人でも行けて、ケンカ中のカップルでも黙っていられれ、新しい話題も生まれる、苦肉の策じゃないかなと思うところもあります。本当

にいい映画って映画そのものが素晴らしいから、誰と観てもきっと一緒で、それなら別々に観てもいいのかなって。逆に最悪な映画を観た時、「あそこ最悪だったね」って言い合える仲の人だったら相手として理想なのかもしれません。

映画ではありませんが、大人になってから恋人と、スタジオジブリの『風立ちぬ』をＤＶＤで観たんです。お酒飲みながら『風立ちぬ』を観ると必ず泣いてしまうので、「必ず泣くけど、ごめんなさい」って言って一緒に観はじめたら、相手のほうが号泣してて。私の涙が引っ込むくらい。そういう共有できるものが増えると、映画が特別になったような気がしてうれしかったです。

映画館で恋人と観るなら、ラブストーリーがいいかなと思います。隣の席に座っていてくれて、手をつなぎながら観るんじゃないと行く意味がないと思ってしまうので。でも、私自身はラブストーリーは照れくさくなってしまいます。甘くて、歯が浮くセリフを聞くと「わー、無理。聞いてられない！」って思ってしまう。ラブストーリーになかなか手が出せず、もしかしたら実は映画デートの醍醐味がわかっていないのかもしれません。

## たなかみさき

Misaki Tanaka

イラストレーター。1992年埼玉県生まれ。日本大学芸術学部を卒業後、熊本でイラストレーターとして活動。2017年春からは東京に拠点を移し主にグッズ制作、出版物に関わる。シンプルなタッチで男女のカップルの微妙な距離感を描いたイラストと切ない言葉が若い女性に共感を呼び、支持されている。昨年、初の作品集『ずっと一緒にいられない』（パルコ）を刊行。

Instagram@misakinodon

STORY
# 02

## 歌や音楽も良かったから
## 帰り道は
## イヤホン片方ずつで
## サントラを聴きながら。

イラストレーター
**五島夕夏さん**

『アナと雪の女王』

二十歳の頃、その時につき合っていた人と『アナと雪の女王』を観に行きました。映画を観に行くことはあまりしていなくて、観るとしたらＤＶＤを借りることが多かったかなと思います。私はもともとおしゃべり好きで、おつき合いしている人とはしゃべっていること自体が楽しいんです。映画は観ている時間、ずっとだまってなくてはいけないので、何だかもったいないと思ってしまって。

二人とも人ごみが嫌いだったので、話題になっている映画を公開中に、しかもディズニー映画だとしたら子どもたちもワイワイといるような映画館で、お休みの日に観るのはちょっとたいへんだと思ってました。でも『アナと雪の女王』はＳＮＳ上でもすごく話題になっていて、周りに行った人も多く、こんなに話題になってるなら観なくちゃって頑張って行ってみることにしました。

観に行ったらとっても良くて。歌や音楽も良かったので「もうサントラ、出てるのかな」ってすぐにiTunesで携帯にダウンロードして、彼とイヤホンを片耳ずつさして聴きながら帰ったんです。

ミュージカルって、男性は苦手なことが多いですけれど、彼は『レ・ミゼラブル』の映画なんかが好きだったので違和感なく入れたみたいです。言葉を書くことにも興味を持っていたので、映画のあとに「あのセリフの言い回し、グッと来たよね」とか「あの時の表情にはこういう意味があったんじゃないかな」って、あれこれ批評めいたことを話したり。今考えるとそんなに深い話はしていなかったと思うんですけど、その頃なりに分析したりして盛り上がりました。

かなり気に入ってたので、二人の間ではしばらくその余韻が続きました。たとえば私が不機嫌になった時に彼が、アナのことを助けるクリストフのセリフを言って、それで私が笑っちゃうとか。劇中、歌もたくさん出てきていたので、イントロでどのシーンか当てようとか。そんなことを一、二か月やってたかな。「アナとエルサ、どっちが私っぽいかな？」って聞いたら、私の背が小さいものだから「石になったトロールの中に似てるのがいたよ」なんて会話もしました。

当時、私は専門学校のデザイン科の三年生でイラストのコースに進みはじめてたんです。将来、イラストレーターになりたいなと思ってたので、観のがしていた有名なアニメーションも少しずつ観はじめてた時でした。だから『アナと雪の女王』の中の映像もどれもよく覚えています。特に髪の質感とか、雪に埋もれていく感じの表現なんかが印象深く残っていますね。

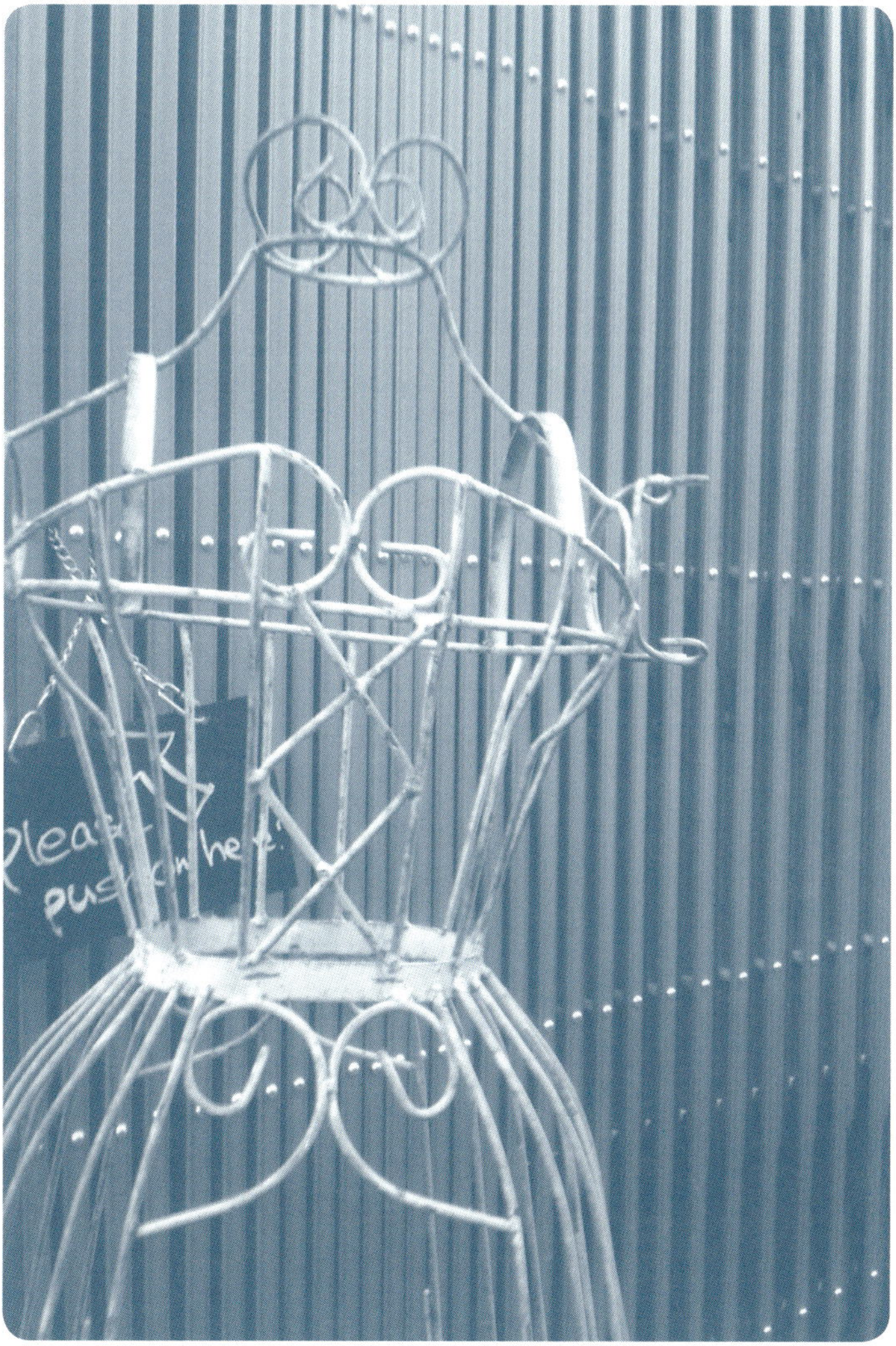

キュンとしたのはアナの衣装。舞踏会のめかしこんだドレスじゃなく、いつも着ている普段着がすごくかわいかった。民族っぽい雰囲気が少しあって、黒や紫や紺といった強い色なんですけど、とてもよく似合っていて。真っ白な雪の中でもアナの服がものすごく映えるんですよね。ディズニー映画のお姫様ってそれまで、ウェストが絞られて身動き取りにくそうなドレスが多かったのに、あんな普段着みたいなドレスで駆け回っているお姫様って珍しいなと思いました。

映画って、私にとってはとてもハードルの低い、行きやすいデートです。話す共通項ができるし、五時間を過ごすうち二時間映画があったら、そんなに緊張しなくてすみます。「ちょっとその辺、ふらっと歩こうよ」というよりも、「映画行ってご飯食べよう」っていうほうが行きやすい。

でも以前に誘われて軽い気持ちで観に行った映画が、シリーズの何番目かのもので、前の話を知らなくて何が何だかわからなかったんです。映画自体への興味ではなくて、一緒に行く人に興味があれば、その人が観たいと言った映画にももっと興味が持てて事前に少し調べたりしたんじゃないかと、今になって反省をしています。

## 五島夕夏

Yuuka Goto

イラストレーター。1992年東京生まれ。桑沢デザイン研究所卒業。学生時代に出会ったロシアの絵本に大きく影響を受け、絵本画家を志す。2014年以降、東京や名古屋等で毎年個展を開催。その他ファッションブランドのノベルティデザインや車メーカーのイメージイラストレーションを担当するなど、活躍の幅を広げている。2017年に初の絵本『よんでみよう』、2018年に『レ・ミゼラブル』（岩崎書店）を刊行。

STORY 03

# しっとりおしゃれな映画を観に行くはずが。

『スラムドッグ$ミリオネア』

H.A.さん　ミュージシャン　25歳　男性

高校生の時、野球部に入ってました。ほかの運動部はわりと気楽な感じがあったんですけど、野球部とラグビー部だけはすごい真剣に活動してた高校で、野球部全員、坊主頭でした。練習がハードで、放課後遊ぶ時間もないから隔離されてる感じで、野球部でつき合っている子がいたのは僕だけでした。相手の子はテニス部で、お互いに部活があったので、どこかに出かけるデートは本当に何回か数えるだけ。つき合い出して三、四か月の頃に映画に行ったんだったかな。高校一年です。丸坊主頭でデートなんて、高校生らしくないですか？

本当はわりあいとゆったりとした、おしゃれな映画を観に行こうと思ってて、ゆるい感じの海外の恋愛ものに決めて誘ったんです。高校生はクレジットカードなんか持ってないので事前にインターネットでチケットを買うことができず、映画館へ行ってみたら、その映画は満席。「まじかーっ」となって、選択肢の少ない中から選んだのが『スラムドッグ$ミリオネア』でした。

『クイズ$ミリオネア』って日本でもテレビ番組でありましたけど、もとはインドの番組なんです。そのインドで、貧しいゲットーで生まれた主人公が、教育もまともに受けてないはずなのにクイズの答えを次々正解していく。彼が過去のいろんなできごとを回想しながら一問一問答えていくものです。

最初に観たかった映画が何だったのか全く覚えてませんが、しっとりとした落ち着くいい雰囲気のものを観るはずだったのに、『スラムドッグ$ミリオネア』はインドの荒れたゲットーが描かれてて、けっこう汚いシーンもあったりしたので全然「しっとり」じゃなかったです。楽しくはあったけど、観終わったあとも「インドのリアルってこんな感じなんだ……」って、あまりいい雰囲気にはなれず。

でも、普段は部活のあとでいっしょに帰ったりしていて小イベントはたくさんあったの

で、映画は映画で、それほど問題はなかったんですけど。でもそれ以降もその子とは、映画を面白く観たっていう記憶はないですね。

今、映画はよくひとりで行きます。社会派っぽいドキュメンタリー映画を上映することが多い、気に入ってる映画館があって、何をやってるか調べずに行って面白そうなのがあったら観るという感じが多いかな。そうした社会派っぽいのもデートで観たい気はしますが、それに誘っちゃうと押しつけになってしまいそうで、そのへんのさじ加減はけっこう難しい。

今までデートで観た映画で、観終わったあと、話題に事欠かなかったのは『ゼロ・グラビティ』です。宇宙で船外活動していた人が、宇宙ゴミに巻き込まれて宇宙空間に放り出されちゃうお話なんですけど、それは盛り上がりました。映画観たあともずっとその話をして。

といった具合に初めてのデートで観た映画では、全くデートっぽい感じにならずに今いちでしたが、こうやって思い返してみると、そのうまくいかない感じとかにけっこう甘酸っぱさがあるもんですね。

## ✦デートで映画に行くって？

たとえばつき合いたての人がいたとしたら、映画ってファースト・ステップとしてはいいと思います。遊園地に行ったとしたらアトラクションに並んでいる時も、一緒にいるからって、がんばってずっと話したりするじゃないですか。仲のいいカップルだったり、他愛のない話をずっとしていられるような仲だったらいいかもしれないけど、つき合いたてじゃ、気をつかって疲れますよね。映画だったら、その間はしゃべらなくてもいいし、無駄な話もせずにいい雰囲気を共有できるし、終わったあとも話題がある。いいと思います。でも試されている感はあります。相手の女の子のタイプもたぶん客観的に見ないといけない。その女の子にその映画が合ってるか考えなくちゃいけないし、映画そのものはよくてもデートとしてはどうかとか。何を観るかを選ぶ行為からして、「どういう映画を観て、どういう時間を過ごしたいと思ってるのか」が考えられている感じです。

STORY 04

# ボーイフレンドのエスコートで映画に行ったら。

『名探偵コナン 純黒の悪夢（ナイトメア）』
K.T.さん　大学生　20歳　女性

高校三年生の秋頃に私から告白してつき合いはじめた、同じクラスの男の子とのデートでした。告白した時、彼は私のことを特に何とも思ってなくて「どうしたらいい？」って聞かれたので、とりあえずつき合ってみることにしたんです。この先、私のことを好きになってくれたらうれしいなという気持ちで。

おたがい受験があったので会うのはひと月に一度くらい。最初に二人で会った時に「映画でも行く？」ってことになったけど、ちょうどいい時間に観たいものがなくて、その時は行きませんでした。

映画に行ったのは受験も終わって新しい生活が始まった四月。それまでは「どこか行きたい所、ない？」って聞かれて私が行く所を決めてたんですけど、たまには彼に決めてもらいたいなと思って「どこか連れてって」って言ったんです。「エスコートして」って。それで彼が決めたのが『名探偵コナン 純黒の悪夢』でした。「名探偵コナン」のアニメは小学生の時にすごく流行ったので、私たちの学年では全員知ってました。でも本当の気持ちを言うと、もうちょっと女の子が好きそうなものを選んでくれたらうれしかったのになぁ、と。たとえばディズニーとか。

当日は朝一番の上映のチケットを彼が手配してくれて、駅で待ち合わせて行きました。でも学生だから割り勘です。映画を観たあとはお昼ご飯を食べに。彼も私もけっこう、テレビ番組やドラマについてダメ出ししたりするタイプなので、観た映画のことを二人であれこれ言いながら食事をしました。

告白して半年くらい経ってたけど、つき合っているのかつき合っていないのか微妙な関係だったので、映画を観ている時には「どんな顔して観てるのかなぁ」なんて、ちらっと彼の顔を見たりしました……！

## ✦デートで映画に行くって？

定番なんですけど難易度が高いと思うんです。どんな話を選ぶかで、その人の性格がわかってしまうし、もしかしたら間違って伝わっちゃうかもしれないし。実際はたいした意味はないとわかってはいるんですけど何だか照れくさくて、私から「この映画に行こう」とは言いだせませんでした。

STORY 05

# ヤンキーの映画を観ながら彼の真面目さに好意を持ちました。

『恋空』
M.M.さん　会社員　24歳　女性

高校一年生の時、初めてつき合った彼との最初のデートが映画でした。私は女子校に行ってたので彼氏がいなくて、小学校から仲のいい男友だちが男子校で、「会わせたい人がいる」って彼を紹介してくれたんです。『恋空』を観るっていうのは彼が決めました。その時、とても話題になってた映画だったんです。

実は私、友だちと先に観てしまってたんですが、二回目とは言い出せなくて……。ほかはホラー映画かアクション映画しかなかったので、だったら『恋空』のほうがいいかなって、高校生なりに考えて観に行くことにしました。

三浦春馬のヤンキーの男の子と、新垣結衣演じる真面目な女子高生との、ちょっと切ない恋愛ストーリーなんです。女の子がヤンキー仲間にいじめられたり、さらわれて襲われたりするんです。私は内容を知ってたから大丈夫だったけど、高校生にしては気まずいシーンが多かったので、彼はもしかしたら「失敗だったかな」って思ったかもしれません。彼はとても真面目な人だったんです。映画観てて、ヤンキーの世界って怖いと思ったので、彼が真面目で良かったなって、より好きになりました。

彼がスポーツをやっていたのでデートする時間や場所がいつも限られてたんです。それでも『恋空』を観たあとでカフェで話したりはしたかな。一緒にプリクラも撮りました。映画館の近くって、たいていゲームセンターがあるし、プリクラ撮るのは結構あたりまえという感じだったので。プリクラ帳っていうのがあったんです。友だちとのものとは別に、彼とのプリクラ帳を一冊作りました。

たぶん最初のページに、観た映画の半券と一緒に写真を貼って『恋空』っぽい落書きをしたと思います。

## ✦デートで映画に行くって？

彼と会う時間はいつも短かったので、たとえば三時間しか会えないうちの二時間が映画を観るためにつぶれちゃうのが、当時はちょっといやでした。もっと話がしたいのにと思って。でも映画を観た感想が一緒だったり、一緒じゃなかったりとかで価値観がわかったりするので、時間のある人たちだったら映画を観るのはいいなと思います。

STORY 06

# いろんな出来事が重なって観ることになった映画

## 『Mommy／マミー』

K.A.さん　プロダクトデザイナー　22歳　男性

『Mommy／マミー』はグザヴィエ・ドランというカナダの監督のものなんですけど、その一つか二つ前に『私はロランス』という映画がありました。当時、少し気になっていた人がその映画が観たいと話していたので誘って行ってみたら、残念ながら満員で観ることができなかったんです。その人とはその後、特に発展しませんでしたが、観られずに終わった『私はロランス』は頭に残ってました。

　その後しばらくして、春休みにフランスへ旅行に行きました。パリの空港で日本人二人組の女の子たちからWi-Fiの使い方を聞かれて、知り合いになったんです。目的地が同じ

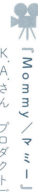

方向だったので空港から移動する間に話をしてたら、一人の子の一番好きな映画が『私はロランス』だったんです。ずっと気になってた映画なので、ちょっとびっくりしました。パリで一回、その子たちが行くと言っていたファッション・ウィークのショーに誘われて行き、日本に帰ってから一、二回、その子と食事をしました。そしてちょうどその頃、グザヴィエ・ドラン監督の新しい映画が来ることになったので誘って観に行き、それが『Mommy／マミー』でした。

『私はロランス』は女装癖のある人と母親の話、『Mommy／マミー』は多動性障害を持った息子と母親との話。どちらも映像や演出がとてもきれいで、ヒューマンドラマです。

パリで彼女は、これから映画を作る仕事を目指すと言っていて、作家指向の人だったんです。『Mommy／マミー』を一緒に観たんだけど、「映画はやっぱり集中してひとりで観たい」と言われて、そのあと一度くらいは食事に行ったのですが何となく誘うきっかけがなくなり、会わなくなってしまいました。縁はなかったですが、その子たちと会ったことが自分の就職先を決めることにつながったりしたので、いろんな意味で『Mommy／マミー』は記憶に残る映画になりました。

## ✦デートで映画に行くって？

どちらかというと映画はパソコンで観ることが多く、デートで映画というのをあまり意識したことがありません。作品ありきだと思うのでお互いにすごく観たいものがあり、これは映画館で観る価値があるというものになるのかなと思います。展覧会に行くというのと似てますよね。映画館で観るという体験を相手と共有したい、というのが誘う理由になるんじゃないかな。

STORY 07

# つき合う前に行った映画が もしかしたら 初デートだったのかも？

**『宇宙兄弟』または『風立ちぬ』**

T.T.さん　会社員　22歳　女性

デートで初めて観た映画は、どっちを初めてと言っていいのか迷うので二つになります。彼とちゃんとつき合う前に一緒に行ったのが実写映画の『宇宙兄弟』で、つき合いはじめてから行ったのが『風立ちぬ』です。

好きな漫画のＳＮＳに入っていて、彼とはそのオフ会で知り合いました。同じ歳で、住んでる所がわりあいと近かったので、お互いに好きな漫画の本を貸し借りする、気の合う友だちという感じになりました。『宇宙兄弟』を観に行ったのは知り合ってから一年以上経っていて、二十歳頃だったかな。私は『宇宙兄弟』の原作漫画もアニメも見てなかったんですけど、彼が好きで、実写やるから行くかということになりました。

そのあとしばらくして、つき合うことになりました。「いつから私のこと好きだった？」って彼に聞いたら、『宇宙兄弟』を観に行った頃で、デートする気分だったって言われたんです。私はデートだなんて思ってなくて、漫画のことをあれこれ話すように映画観たあとも感想言い合ったりして、そのまま帰ってきただけだったのですが。

『風立ちぬ』に行ったのは『宇宙兄弟』から一年近く間が開いてると思います。確か私が観たいって言いました。宮崎駿監督が「自分で作って自分で泣いた」っていう前情報があったので、すごく期待して観たんだけど、期待しすぎて少し空振りした感じです。それよりも、いつも私は地元にある小さな映画館に行っていて、『風立ちぬ』は日曜日に都心の映画館へ行ったので「人が多かった」ということだけ覚えてます。もともと、区切られた空間に二時間いるのが何だか逃げられない感じがして、映画館がちょっと苦手だったんです。小さい映画館がいいのはリラックスして観られるから。デートだったというのに印象に残っていることが「人が多い」だなんてムードがなくてすみません……。

## ✦デートで映画に行くって？

デートでは映画以外の所に行きたいです。私が映画館が苦手なせいです。映画は、どうしても観たい映画だけを、自分が慣れている映画館でひとりで観るのが今は好きです。でも都心でしかやっていない映画は一緒に観てくれる人がいるとありがたいかな。

STORY 08

# 謎の度胸で初恋の彼と映画デート

『君の名は。』

S.O.さん　派遣社員　20歳　女性

高校を卒業したあとに少しの間、専門学校に行っている時があり、専攻は違ったのですがほかのクラスの人に片思いをしていました。話ができるようになりたいなと思って、何とか連絡先を手に入れてメールを送りました。高校が女子校だったのでまともに恋愛したことがなく、一切そういうことがないまま過ごしていたので距離感がつかめなくて、でもまずは会って話したい！　という謎の度胸です。

「初めまして」というようなメールから始まって、やりとりしながら一か月後くらいに焼き肉を食べに行きました。一生懸命平静を装って、私は特別な気持ちなんて持ってなくて、ただの友だちとして誘ってるんだからね、という素振りをして。内心はめちゃくちゃ緊張してたんですけれど。

そうやってご飯を食べたりしているうち、彼につき合っている人がいることがわかったんです。でも少しして二人が別れたことを知ったので、『君の名は。』に思いきって誘ってみることにしました。彼は新海監督の映画が好きで、観に行きたいって言ってたんです。誘い方も友だちっぽく、「さすがにあの映画はカップルばっかりで一人で観るのは勇気いるから、一緒に行ってくれない？」というノリで。そしたらＯＫしてくれました。

好きな人と観たいと思っていた映画を、好きな人と本当に観に行けるなんてうれしかったです。それまでアニメーション映画はジブリしか観ていなかったので、新海監督の映画は映像がきれいだなと思いました。映画の舞台も新宿とか代々木とか馴染みのある場所がたくさん出てきて。まさに映画を観た場所は新宿でした。

私はすごく慎重なので、それからも、まだまだ友だちとしてたまにご飯を食べるくらいだったのですが、二月になり、彼が学校を卒業する時期が近づいてきたんです。そして二度目に映画を観に行くことになりました。『ミス・ペレグリンと奇妙なこどもたち』というティム・バートンの映画で、二人とも観たいと言っていて。映画の趣味はとても合ってたんです。

観たあとに渋谷を歩いていたら、渋谷界隈でちょっと変わった人として知られているおじさんに話しかけられ、カップルに間違えられるということがありました。それがちょっとうれしくて、そして彼が卒業して簡単に会えなくなるのかもというあせりもあり、「もう気持ちを伝えるしかない」と、別れたあとの帰り道で、思いきって電話をかけたんです。ドキドキしながらかけましたが、その時は出ず、少しして彼がかけてきてくれたので「好きだからつき合ってほしい」と気持ちを伝えました。彼は「え?」ってびっくりしていて、「でもありがとう、うれしい」と言ってもらえて。私、電話切ったあとに「うれしいー!」って携帯を投げそうになりました。

そうやって長かった片思いが両思いになってつき合い出すことになったのですが、友だちとしてのつき合いの時は待ち合わせにちゃんと来ていた彼が、寝坊をしたとか時々ドタキャンすることがあって、お互い仕事をしていて忙しいのになかなか会えず、大事に思ってもらえていないんだなっていうのが辛くなり、ある日、自分からもうつき合えないと言ってしまいました……。でも、実はそう言ってから、すごく後悔しています。今は時々連絡はとっているんですけど、もう自分から言う勇気はなく、今はそのまま時が過ぎていっているという状況です。

## ✦デートで映画に行くって？

偶然にも私の場合、片思いの彼を誘えたのも、告白したのも映画にからんでいましたね。観たい映画の趣味とかが似ていると話をするのが楽しいし、一緒に映画を観たあとは、距離が縮まるようでうれしかったです。

# 30代

Thirties

デートで初めて行った映画は何ですか？

STORY
09

# 脚本家志望だったから
# 勉強だと意気込んで
# デートにメモ帳持参…！

映画監督
## 藤村享平さん

『ピンポン』

高校までは金沢で、卒業して東京の映画学校に入りました。もともと理系でしたが授業にだんだん興味が持てなくなり、このあとの大学四年間、あるいは一生続けることができるんだろうかと疑問を覚えるようになりました。自分のしたいことって何だろうって、高校生ながらに考えだしたんです。

映画は好きで、自転車で三十分くらい行った所に百円で借りられるビデオ屋さんがあって、毎週行って十本くらい借りて観ていました。学校さぼって観てたと思います。その時は映画を観ているだけで十分満足していたので、監督になりたいとか映画を作りたいなどとは思ってなかったんです。でも消去法で考えてみて、ずっとやっていくのに「いやではない」と思ったのが唯一、映画でした。それで高校三年の夏休みに、急きょ進路変更をしたんです。

映画学校に入って、隣のクラスに気になる子ができて、「あの子、かわいいよね」って友だちと話してたらそれが伝わっちゃって。隣のクラスは隣のクラスで、それで彼女が冷やかされたりして。そのうちに流れで二人でどこかに行くことになったんです。映画の学校だから「じゃあ、映画でも」と。

高校時代に観ていたのは主に外国の映画で、面白い映画があると同じ監督の映画を借りまくって観てました。クエンティン・タランティーノとコーエン兄弟が二強。

映画学校に入ったら先生から「おまえら、日本の映画を観ろ」と言われ、作り手を目指しているわけだから確かにそうだと日本の映画も観はじめていました。なので観に行ったのは、当時とても注目されていた宮藤官九郎さん脚本の『ピンポン』。

確か休日に新宿の駅で待ち合わせて行ったと思います。僕は脚本家志望だったので、映画を観に行く時はいつもメモを持って行っていて、その時も持っていました。映画の中で特に魅力を感じたのがアクマというキャラで、始めは嫌なやつなんだけど見ているうちにどんどん彼に感情移入していくんです。宮藤官九郎さんの映画ってちょっとした役でもすごく魅力があって、確かメモに「敵も魅力的に」って書いたと思う。

映画に行ったのは夏休みだったんじゃないかと思います。学校で一学期は、脚本の書き方みたいなものは教わるんですけど、実際の制作は何もやらせてもらっていないんです。映画を作るために入ったのに全然作ることをやってないっていう気持ちもあって、どんどん欲な気分になっていたのかもしれません。そのせいで映画に夢中になりすぎたのか、結局その子とはそのあと一回くらいどこかに行っただけで、告白もせずに何となくフェイドアウトしてしまった感じです。

『ピンポン』は素晴らしい映画であると同時に、ふられた映画でもあるんです。

驚いたことに、今僕が所属している映画製作会社を立ち上げたのはその『ピンポン』のプロデューサーなんです。僕はずっと脚本家志望だったんですが、学校では監督は脚本書いた人がやると決まってたので、自分の脚本を監督しはじめ、監督という仕事がどんどん面白くなっていきました。

そして卒業したあとに作った自主映画の上映会で、たまたま来ていたそのプロデューサーが声をかけてくれて。映画を観た当時はまさか彼の会社に入るとは思ってもいませんでした。

こういう仕事をしていることもあるので、基本的に映画は一人で行きたいです。デートで行くなら自分があまり興味のない分野とか、普段行かないようなものとかがいいですね。アクションとかホラーとかだったらデートはいいんじゃないかな。前にホラー映画を一人で観に行ったら、めちゃくちゃ怖くて落ち込んでしまったことがあるんです。でも恋人と一緒なら、きっと怖いながらも楽しめるのかなと思います。

藤村享平

Kyouhei Fujimura

映画監督、脚本家。1983年石川県生まれ。日本映画学校卒業。ブリッジヘッド所属。脚本作『引きこもる女たち』が2007年函館港イルミナシオン映画祭シナリオ大賞グランプリ受賞。監督作『どん底の二歩くらい手前』『アフロにした、暁には』がSKIPシティ国際Dシネマ映画祭短編部門に2年連続ノミネート。文化庁の若手映画作家育成プロジェクト「ndjc」で制作した短編映画『逆転のシンデレラ』が高い評価を受ける。初の商業作品となる『パパはわるものチャンピオン』（出演：棚橋弘至、寺田心、木村佳乃）が2018年秋公開予定。同時にノベライズ小説も刊行予定。

STORY
10

# 僕ら以外に
# 観客のいない映画館で
# おしゃべりできたら。

小物店「Short and Art」店主
## 宮内健太郎さん

『ある天文学者の恋文』

僕はほとんど映画館に行ったことがなくて、なぜかというと、二時間じっとしているのが苦手で、腰も痛くなるし、肩もこるし、お茶も飲みたくなるし、トイレにも行きたくなる、じっくり映画が観ていられないのです。

でもそれ以上に、その場でひと言、なにか言いたくなってしまうからです。面白い場面でも、つまらない場面でも、驚いた場面でも、やっぱりその時その時で言いたい。感動した場面だけは、ちょっと照れくさいので、何事もなかったようにひとりで味わっていますけれど。

やっぱり映画館では周りのお客さんもいるので、静かに観なければならないと思うのです。

それでも一度、妻と結婚する前ですが、一緒に映画館へ行きました。

彼女がトルナトーレ監督の新作『ある天文学者の恋文』のチケットをもらってきたのです。トルナトーレは『ニューシネマパラダイス』や『海の上のピアニスト』の監督で、その二作は僕の大好きな作品です。どちらも夢のつまった楽しい話なのに、とても切なくなるラストシーン。それは挿入されている音楽とも相まって、今も心に残っています。いつだったか彼女にその話をしたことを、覚えていてくれたのでしょう。

そういうわけで、映画館は苦手と言いながらも、ウキウキと出かけました。きっと楽しい映画に違いないと思っていました。

しかし、期待は大きく裏切られたのです。今回の新作は僕にとって我慢できない作品でした。老天文学者と若い教え子との恋の話で、老天文学者が死んだあとに教え子のもとに恋文が届くという内容です。

しかも、生きているかのように絶妙なタイミングでそれが届き続けます。一見ロマンチックですが、まるで自分が死んだ後も教え子の心を離さないかのように続きます。この恋文はいつまで続くのだろうか、教え子が老いるまでだろうか、こんな電子メッセージだけで、本当に幸せなのだろうか、と見ていて首をかしげてしまいます。恋文はすべて老天文学者が、周到に用意していたものです。

たしかに、これだけ準備しておくのは大変なことです。老天文学者の恋の執念ともとれます。ただそれならば、生きているうちに楽しめるようなことに、その力を使ってほしかった。生前は、お互いの家族にも話さないような秘密の恋でした。年の差を気にしたのか、まわりに理解されないとあきらめていたようです。

死後の恋文が届くたびに、「その情熱、おかしいだろうよ。別荘でビデオレター撮ってる時間あったら、そこで一緒にバカンス楽しんでくれよ」と何度も口にしかけました。けれどここは映画館、しゃべることはできません。それでも老天文学者の恋文はとどまることを知らずに届き続けます。

途中我慢しかねて、隣にいる彼女に「もう帰ろうか」と言って席を立ちかけました。しかし彼女は、どんな作品も最後まで観て判断する性分で「もうすこし観て行こう」と言いました。そして映画が終わったあとも「よくわからないけど、私たちが見落としている何かがあるのかも」と言います。「そんなはずはない、あのじいさん（天文学者）は、ただのどうしようもないじじいだよ」と僕は言いました。すると妻が大きく笑いました。

やはり観ていて同じように思っていたのかもしれません。映画館が、気兼ねなくしゃべれる場所だったなら、映画を観ながら老天文学者へのヤジを飛ばして、二人で大笑いしながら観られたのに。

もしまたデートで映画館に行くとしたら、おしゃべりができる映画館に行きたいですね。僕らの他に誰も観客のいないガラガラの映画館とか。

## 宮内健太郎

Kentarou Miyauchi

「Short and Art」店主。1978年東京生まれ。古道具店で働き、その後独立。谷中の「Short and Art」という一軒家のかわいいお店で、木や鉄で作った小物達を制作販売している。暖かな質感、小さな草花をいけたりできるアイディアが素敵なアートになっている。文章の仕事に、「にゃんぼー！アニメえほん」シリーズ（岩崎書店）がある。

https://shortandart.wordpress.com/

STORY 11

# 予告編を観ていて「これ、観たいね」というのが一致した人

「ひるねこBOOKS」店主
小張 隆さん

『Mr.ビーン カンヌで大迷惑?!』

妻と初めて一緒に観た映画が『Mr.ビーン カンヌで大迷惑?!』でした。二十代の頃です。つき合いはじめて数か月くらいで、まだまだ入り口のところ。それまでデートは、お茶を飲んだり、食事をしたり、ショッピングしたりといったことぐらいしかしていませんでした。動物園や水族館や映画というデートの定番に、少しずつ行きはじめた頃ですね。

『Mr.ビーン』は昔から好きだったんです。母が好きで、中学の頃にドラマをやっていたのを、夜、兄と一緒に寝る前に観てました。テレビで観るお笑い番組といったら、バラエティのようなものしか観ていなかったので、『Mr.ビーン』の持つ質の違うユーモアが、ちょっとしたカルチャーショックだった記憶があります。作り込まれた海外のコメディの世界に目を開かされたというか。もっと小さい頃は『フルハウス』というアメリカのホームドラマも観ていて好きでした。

だからと言って、外国物をよく観ていたということではないんですけれど。映画に行こうと思った時にたまたま『Mr.ビーン』をやっていたので、「これ、子どもの頃から好きなんだよね」と言って誘ったと思います。

デートに限らず、僕は旅行でも何でもきちんと計画を立てて、TO DOリストのようなものを作ってつぶしていくのが好きなタイプなんですね。

だから映画のあとに行く場所は絶対に決めていたはずです。観終わったあとはお茶を飲んで、少し散歩をしてからご飯を食べに行きました。彼女も映画はたぶん面白がってくれて、シーンやセリフを話した記憶があります。

映画に誘おうと思ったのは、お茶を飲んだり、ご飯を食べたりするだけじゃなくて、もっと何か一緒の時間を過ごしたいと思った、自然な流れでした。

でも恋愛映画だったら、もしかしたら気負ってしまったり、照れくさかったりして誘いづらかったかもしれません。コメディで、いい意味で軽い映画だったので、つき合いはじめでも誘いやすかったのかもしれないと、今、客観的に考えると思います。

そのあと映画は一年に二、三本くらい観ましたね。彼女から誘ってくれることもありました。動物ものや、軽い恋愛ものなど。

やっぱりつき合いはじめの頃、彼女が観たがっていた『アース』という映画が印象に残っています。氷や熱帯の地帯などの大自然の中で、動物たちがどう生きるかを追ったドキュメンタリー映画です。自分からは積極的に観ることがないタイプの映画だったから、初めて観て新鮮でした。「こういうのが好きな人なんだ」って、彼女の一面も知ることができて。

それ以外は三谷幸喜が監督した映画とか、ほのぼのとして、笑えるものが多かったかなと思います。二人ともアクションものはあまり好きではなかったりと趣味嗜好が比較的似ていたので、無理矢理にどちらかの好みにつき合うということもありませんでしたね。映画館で予告編を観たとき、「これ観たい」と思う映画がけっこう一致して。映画以外にもいろんな時間を共有しながら、だんだんお互いの距離が縮まっていったんじゃないかなと。

残念ながら結婚した今は、二人の休みの日が合わなくて、なかなか一緒に映画を観られないのですが。

映画館は暗いので、スクリーンを観ているしかないですよね。動物園や水族館だといろいろなものが見えるけど、映画館では必ず同じものを同じ時間帯だけ観ている。

そんなふうに同じ時間を共有することができるのがやっぱりいいですよね。つき合いはじめの人にとっては、そこから話も広げられるし、わかりやすい時間かなと思います。

## 小張 隆

Takashi Kobari

「ひるねこBOOKS」店主。1984年東京生まれ。子どものころから本好きで、児童書出版社勤務の後、2016年1月谷中に、書店をオープン。開業の理由は、「自分も本の魅力を直接伝える一人になりたい」と思ったこと。ぬくもりが感じられる木を基調とした店内には、猫の本、暮らしの本、絵本・児童書、アート関連書籍、北欧の本と雑貨を豊富に揃えている。ギャラリーとしてアートも展示している素敵な空間の本屋さん。古本をメインに新刊も扱う。

https://www.hirunekobooks.com/

STORY 12

# とがっていた高校生の私が精一杯に。

『ヘドウィグ・アンド・アングリーインチ』

E.T.さん　広告代理店デザイナー　33歳　女性

中学と高校が続いている私立の学校に通っていて、仲のいい男女十人ぐらいのグループがいました。映画は、その中の女友だちとよく観に行っていて、その子と『ヘドウィグ・アンド・アングリーインチ』を観たいって話になりました。高校一年の時だったと思います。

グループの中に、私が中学一年か二年ぐらいから好きだった人がいて、彼はバンドをやっていたので、この映画だったら来るだろうと、思い切って誘いました。

結局、彼を入れて男子二人、女子三人の五人で観に行くことに。映画館では横並びで座り、彼とは離れてしまったので、どんな風に観てたかはわからないんですけれど。

映画は性転換したロックシンガーの話で、その後、ブロードウェイミュージカルにもなりました。今みたいにLGBTの問題が社会的に理解がある時代じゃなかったので、センセーショナルで話題性があった映画です。見終わったあとは「あー、面白かった」「かっこよかったね」とみんなで盛り上がりました。

私はサブカルチャーやロックが好きで、とがった中学・高校時代を過ごしていました。女の子らしい感じはなく、どちらかというとサバサバしていて、ちょっと怖いキャラクターみたいな。だから彼のことを好きでしたが、今さらどうアプローチしていいかわからず、そんな風に何気なく映画に誘うぐらいが精一杯でした。

そのまま卒業してしまい、大学入ってからしばらくは疎遠になり、社会人になってからそのグループの一人から「飲んでるから、おいでよ」って誘われて、久しぶりに彼に会いました。私は高校卒業したあともずっと映画を観ていて、しばらく会わないうちに彼も映画好きになってて、話してたら「こんな映画も観てるんだ」って驚きました。「このあいだ観た映画面白かったよ」とか、映画のことをいろいろ話すようになって、時々一緒に観に行くようになりました。そしていろいろあって、今の彼なんです。

つき合う前に印象的だったのは『きっと、うまくいく』というインドの映画で、彼が「本

TRADE MARK
Heineken
BLUE MOON
BLUE MOON
SERVED HERE

当に良かった。何度も泣きそうになった」って話してくれたんです。「笑って泣ける」なんてキャッチコピーがつくような映画で、彼はもともとアングラが好きな人だったので、そんなキャッチコピーの映画を良かったっていうタイプじゃないのになぁと思ったんです。「もう一回観てもいいぐらいだから一緒に行こう」って言うので観に行ったら、とっても良くて。昔だったら絶対に観ないようなそんな映画を、二人で素直に笑って、素直に泣けるぐらい大人になったんだなって思いました。それが二十七、八歳の頃です。

映画を観に行くのって、観終わったあとのテンションが違ってしまうと、相性良くないなと思ってしまいますよね。仲のいい女友だちだったら素直に「私、つまんなかった」とか、「私は面白かった」とか言えますけれど。

彼とは、つき合い出すまでにいろいろな映画をけっこうたくさん観に行きました。映画の感想を言い合ったりすることを通して、こいつとはうまく行きそうだなっていうのはお互い感じるところがあったと思います。価値観みたいなところで近づいていけたのは、映画のおかげもあるなと思いますし、これからも、そんな風に二人で映画を観ていけたらいいなと思っています。

## ✦デートで映画に行くって？

相手の人が何を良いと思って、何を悪いと思ってるのか、日常の中ではあまりわからないことを、映画を観ることで知ることができるなと思います。同じように思う、というところで話がはずんだり、つまらなくても「つまらないね」と悪口を言ったりして、気が合うのか合わないのかがわかってくるんじゃないかな。

STORY 13

# 昼ご飯がわりに水をがぶ飲みしてきた彼

『アウトブレイク』

M.K.さん　歯科助手　39歳　女性

高校生の三年生の時、女子バスケ部のマネージャーをやっていて、彼は同じ学年で男子バスケ部の部員でした。私は実家が遠いので下宿をしていて、週末だけ家に帰っていました。彼とは部活のあとに実家へ帰る方向が同じで、三十分か一時間に一本ぐらいしか電車の来ない田舎だったので一緒の電車になることがありました。

私は映画が好きで雑誌の「ロードショー」とかを読んでいて、彼も古い映画が好きみたいで、そんなところで話が合いました。悪ふざけしたり、人をからかったりしてばかりいる子なので、周囲からはただの友だちとして見られてたと思います。でも彼の気持ちに私は気づいていて、私もとても意識していました。

電車の中で「そのうち映画に行こう」「うん、行こう」なんて話をしていて、彼が下宿先に電話をくれて、部活のあとに街の映画館に行くことにしました。たぶん夏休みで、午前中だけ部活の日だったと思います。部活が終わってすぐに出て映画が始まる時間ぎりぎりだったので、お昼を食べずに観なくてはなりませんでした。

電話では二人とも映画に行くことを決めることに気がいっていて、お昼ご飯のことを話すのを忘れてたんですね。私は途中でドーナッツを買って映画館の中で食べればいいかと思ったんですけど、彼は映画のあとで食べるつもりでいて、でも部活のあとでお腹が減っていたので「水をガブガブ飲んできた」って言ってました。映画二本分なのできっとたくさん飲んできたと思います。

実は選んだ映画が何だったのか記憶がないんです。田舎なので映画館はひとつしかなく、映画もほとんど選べずに二本立て。もう一本がエボラ出血熱をテーマにした『アウトブレイク』だったのだけ、覚えています。

最初の一本を覚えていないのは、一緒に映画を観てるということで意識してしまって、映画に集中できなかったからかな。一緒に映画に行くということはお互いに自分の気持ち

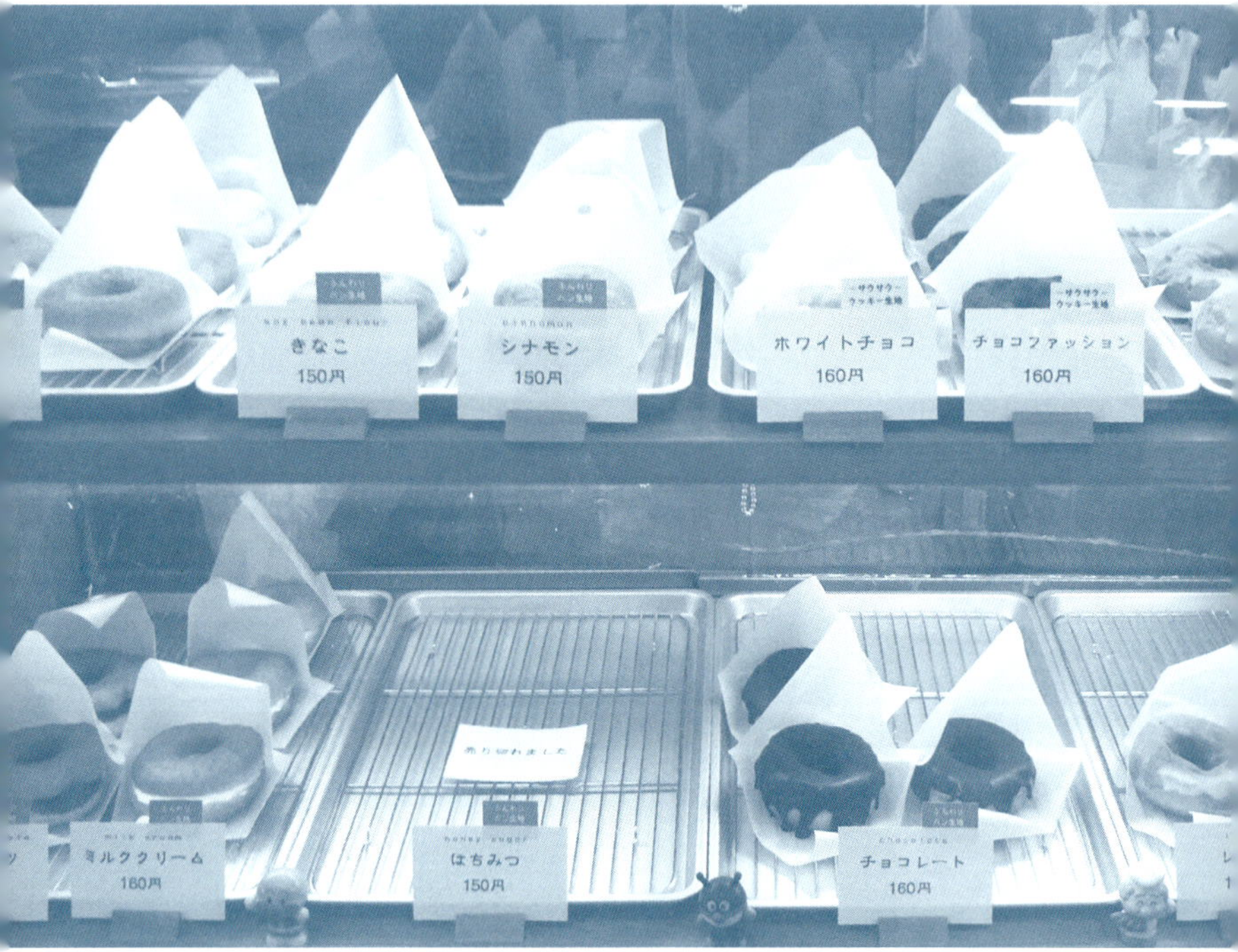
きなこ
150円
シナモン
150円
ホワイトチョコ
160円
チョコファッション
160円
ミルククリーム
160円
はちみつ
150円
チョコレート
160円

をなんとなく表現することになるので。その気持ちを隠すのに私はドキドキしていました。

二本立てだったので終わったあとはあまり時間もなく、お茶を飲んで帰ったぐらいでしょうか。映画のことを話すというより、二人で映画館から出て来るということや、街を歩いているシチュエーションのほうが気になっていたかな。たぶん男の子も相当ドキドキしていたんじゃないかと思います。

その子とはそれからもほぼ毎日、電話をかけ合って話していました。そのうちに彼が告白してくれて、私も好きだということは伝えたのですが、お互い奥手だったのか、最終的にはつき合うまで至らないで卒業してしまいました。

映画当日の「水のがぶ飲み」が物語っている感じなのですが、友だちとして遊ぶのは楽しくて好きでも、もう一歩先に行くと、少し丁寧に女の子らしく扱ってほしかったんでしょうね。彼はリードしてくれる感じではなくて、すごく一生懸命にしてくれるんだけど、どこか空回りしているような。いつまでも悪ふざけの延長のままでいて、それで先に進まなかったのかもしれません。

## ✦デートで映画に行くって？

しゃべっているだけ、お茶しているだけというよりは、何かを一緒に観たりするのは楽しいですよね。たとえば「上手くいかない恋愛映画」を男の人と観て、観終わったあとに女性と男性両方の角度から話ができるのは、女友だちよりも面白い。アーティスティックな映画だったら、その人の持っている世界もわかったりするので。

Forties

# 40代

デートで初めて行った映画は何ですか？

STORY

14

# ロックが演奏されるシーンに
# 前のめりになった僕、
# 彼女は置いてきぼりの気分に
# なったのかな。

音楽家

## 青柳拓次さん

『バック・トゥ・ザ・フューチャー』

中学二年生だったので十四、五歳の頃です。同じクラスの女の子と何となく仲良くなって、学校からよく一緒に帰ったりしていました。照れくさかったはずですが、つとめて普通に「映画、行こうか?」って誘ったんじゃないかと思います。初めて一緒に出かけたデートでした。

その頃、僕はすでに音楽好きでバンドも組んでました。とはいえ、まだ中学生ですからライブハウスで演奏するなんてことはしてなくて、コンテストに出るくらいでした。兄もバンドをやってエレキギターを弾いていたので、その影響でテレビやラジオの音楽番組もよく聴いてたんですよね。アメリカやイギリスのロックが好きでした。『バック・トゥ・ザ・フューチャー』のテーマソング「パワー・オブ・ラブ」は、公開前からすでに音楽チャートに入っていました。演奏するヒューイ・ルイス&ザ・ニュースというバンドもよく知っていたので、絶対これを観に行こうと思って。

たぶん、地元の駅で待ち合わせをして、電車に乗って新宿の映画館に行ったんじゃないかな。街に行くっていうことも普段はあまりなかったし、ましてやデートだったから緊張してたと思いますね。でも映画を観たあと、きっとお茶とかご飯とか食べたと思うんですけど覚えてないんです。というのは、けっこう映画のほうに気をとられてしまって……。

主人公のマイケル・J・フォックスが一九八〇年代の現在から三十年前にタイムスリップして、自分の両親たちと会うんです。お母さんが自分を好きになりそうになり、それでは自分が生まれなくなってしまうので、お父さんに気持ちが行くように頑張るという筋書き。印象的だったのが五〇年代のロックンロールが演奏されているハイスクールのパーティー会場で、マイケル・J・フォックスが飛び入りで「ジョニー・B・グッド」のギターソロをやる場面です。彼が感極まって、ひたすらソロをしまくる。八〇年代のロックの乗りで、膝をついたりギターを後ろに回したりして弾いてしまうんです。そして会場がシーンとしてしまったのに気づいて「君たちにはまだ早かったね」みたいなセリフを言う。

テーマソングは知っていましたが、そんなシーンがあるのは知らなくて。おまけに彼が弾いているギターが、ギター好きには有名なギブソンというブランドの名器、ES－345というエレキギターなんですよ。僕はきっと前のめりになって観ていたと思うので、彼女は置いてきぼりの気分になっちゃったと思うんですよね。映画の話もしたと思うんですけど、夢中で観てたくせに「わりと面白かったね」って言うくらいだったんじゃないかな。そのせいだけではないと思いますが、二、三か月したら距離が離れてしまいました。

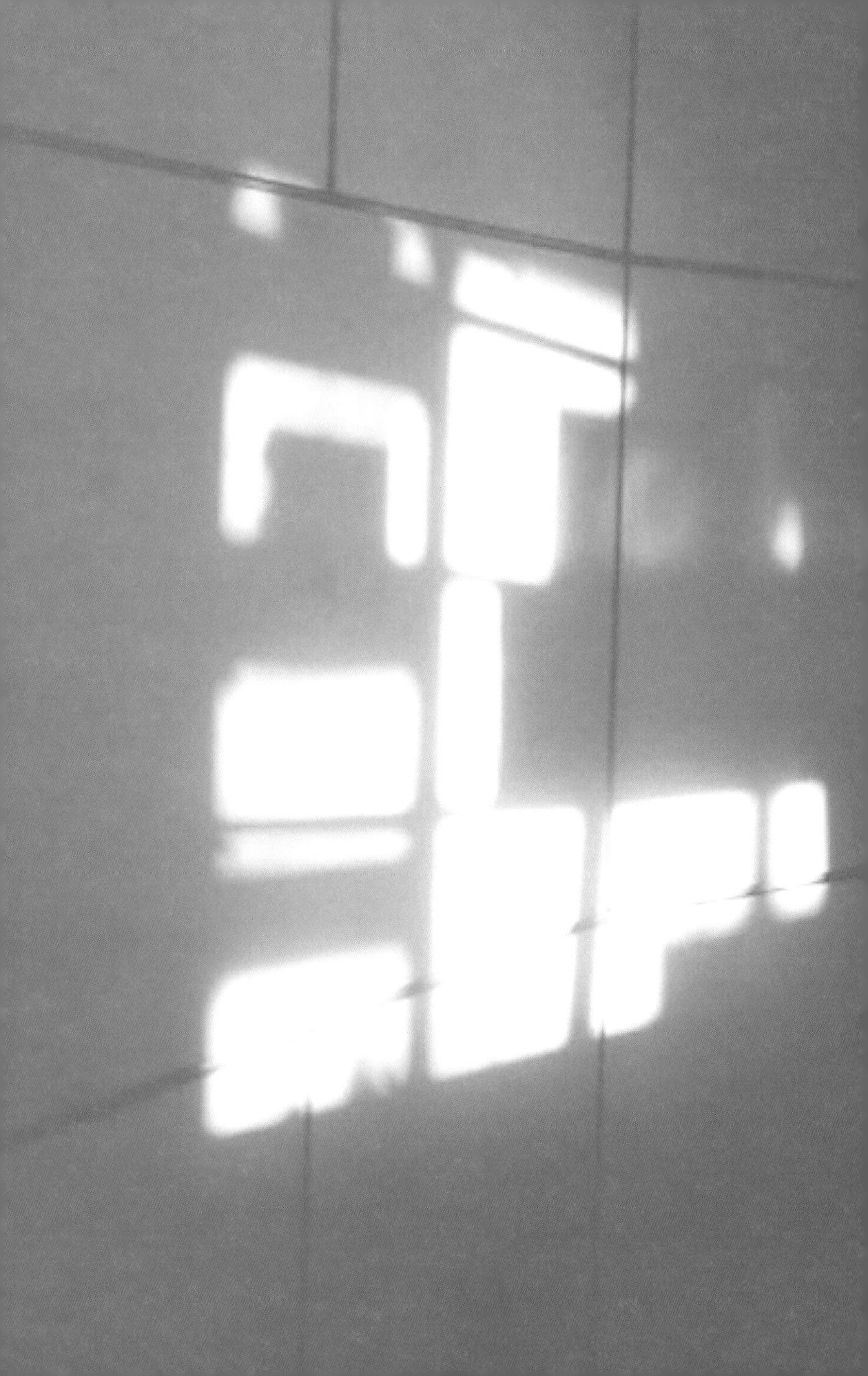

映画には少し後日談があります。高校生になってほかの学校のバンドをやってる子たちとも仲良くなり、ある日、その子たちのライブを観に行ったんです。演奏の途中で突然「青柳、ちょっと来い！」って舞台に呼ばれてギター渡され、「ジョニー・B・グッド」を弾かされました。

まさにマイケル・J・フォックス。彼らは五〇年代のロックンロールをやるバンドだったんですよね。その時は急だったので「どうしよう」って、あわてながら夢中で弾いたんですけど、終わったら「『バック・トゥ・ザ・フューチャー』だね」って言われて。まさか自分が同じことをすることになるとは思ってもいませんでした。

僕が最初に観た映画は兄と弟と三人で行った『E.T.』でした。会場は超満員で、通路にも人が座っているような状態。映画を観ながら、みんなが一緒になって、笑ったり、鼻をすすって泣いたり、驚いたり。真っ暗な空間の中で、同じものを眺め、同じタイミングでリアクションして、一緒に共有してるっていうのがすごくすてきだなあ、と思ったんですよね。だからデートで行く人とも、一緒に観て、瞬間瞬間を共有できるのが醍醐味なんじゃないかなって思います。僕はその後も、音楽が魅力的な映画を、という選び方をしていったので、ついにロマンティックな映画のデートはありませんでしたけれど。

# 青柳拓次

Takuji Aoyagi

音楽家、文筆家。1971年東京生まれ。46歳。1990年にLittle Creaturesでデビュー。Double Famousやソロ名義のKAMA AINA、青柳拓次などでも数々のアルバムをリリース。2010年より沖縄に暮らす。声が渦を巻く、参加型コンサート"CIRCLE VOICE"を主催。声とギターによる新たなソロユニット"Takuji"をスタート。映画や舞台の音楽の作曲も手がけている。著書に『手をたたきながら』絵本『つきのなみだ』『かがり火』（mille books）など。

STORY
15

# スペイン映画ではなくて、
# 僕の好きな「戦艦大和」の
# 映画に一緒に行ってくれた。

スペイン料理シェフ
石井 浩さん

『男たちの大和 / YAMATO』

妻と知り合ったのは、僕がスペイン料理の雇われシェフをしている時で、彼女は近くに新しくできたスペインバルで働いていました。店のスペイン人同士で交流があって、僕の店が閉店したあと、時々何人かでバルへ飲みに行ってたんです。彼女がいるのはたいてい昼の時間帯だったんですが、たまに夜もいて顔見知りになりました。

つき合っている間はお互い仕事が忙しくて、休みの日も合わないので、のんびりどこかに行くことはできませんでした。特に僕は週に一日ぐらいしか休みがないので、たいてい昼過ぎまで寝ていて、午後になってようやく起き出し、夕ご飯でもどこかに食べに行こうか、というぐらいでした。

なので、二人で映画を観に行ったのは結婚して一年ぐらい経ってからです。

職場に、もと自衛官だったという異色の経歴のバーテンがいて、彼は戦艦ものや男のロマンものの映画が好きだったんです。実は僕も、父親が県の水産課で働いていて船乗りになりたかった人だったので、昔から船が好きで、小さい頃から戦艦大和のプラモデルを作ったりしていました。『男たちの大和』が「CGと実写が組み合わさったすごい映画なんだって」と彼と盛り上がり、これは絶対行こうと、妻を誘ったんです。妻は大和なんてよくわからないと（笑）、温度差はあったんですがつき合って行ってくれました。映画そのものはとても良く、学徒動員で若者が飛び立っていく場面や、ラストのシーンで心揺らぐものがあり、涙してしまいました。

スペイン料理店をやっているのでスペイン文化に詳しく、映画はいつもスペイン映画を観ているのかというとそんなことはないんです。スペイン映画で日本に入ってきているのは、コメディものかフラメンコをテーマとしたものが多いんです。フラメンコはスペインジプシーと言われるヒターノという流浪の民たちのもので、彼らはスペインでも定住することができず、抑圧され洞窟に住んでいた人びとです。だからフラメンコも明るい曲じゃない。映画も内容が重かったりします。

映画は、たぶん、非日常に自分を置きたいという気持ちで観に行くんですね。店の仕事って毎日同じ作業のくり返しで、店を開けているのと同じ時間、仕込みをしています。かなり長い時間、店にいることになります。手伝ってくれている妻も同じです。

そんな僕たちが外に行って映画を一本観ると、解放された気分になってリフレッシュすることができます。前もって行こうと決めることはあまりないのですが、ふと休みの日に時間があいて「映画に行けそうだから行こうか？　何やってるかな」という感じで出かけていきます。ですので、やはり気持ちが明るくなるものが観たくなりますね。エンターテ

FLORIO
LE MEILLEUR MARSALA
CINZANO
LE MEILLEUR APÉRITIF
Cocktails
MOJITO
BLUE HAWAIIAN
MAITAI
PIÑA COLADA
CHI - CHI

イメントなんだろうと思うので。

僕自身は、ほかにSFや宇宙ものが好きで、最近観たものでは『ブレードランナー』が印象的でした。妻はわりあいとテレビドラマの映画版が好きだったりするので、『HERO』とか『のだめカンタービレ』とかを観に行きました。二人が同時に「これ観たい」というのは少なくて、相手の観たいものにそれぞれ合わせる感じです。でも期待せずに行ったら「意外に面白かった」とか、新しい発見にもなったりするので、またそれがいいんです。宮崎駿の『ポニョ』や『風立ちぬ』なんかは二人で観てみたいね、となった珍しい例ですかね。でも『風立ちぬ』はゼロ戦が出てくるので戦闘ものかもしれないですが……。とにかくラブロマンスものの映画は一度も観てないです。

デートで映画は、僕はお勧めです。夢のある映画のほうがいいんじゃないかなと思います。SFとか非日常の映画。観終わったあと、きっと二人とも夢が膨らんで、そのあとも話がはずむような気がします。

僕たちも、映画の趣味は違いますが、観終わったあとに「ああだった、こうだった」と、日常とは違う話題になって楽しいです。

# 石井 浩

Hiroshi Ishii

「スペイン食堂石井」オーナーシェフ。1969年福島県生まれ。品川のホテルパシフィック東京で7年コックとして勤務後、銀座スペインレストラン「プエルト デ パロス」他、都内のスペインレストランで働き、奥さんと一緒に自分の店を東京旗の台にオープン。2017年に孤独のグルメSeason6に登場してからさらに大人気に。シェフが精魂込めて作るパエリアとサルスエラの美味しさに定評がある。

http://spain-shokudo.com/

STORY 16

# 転校すると知り、思い出のために デートに誘いました。

『ロボコップ』と『天空の草原のナンサ』

Y.K.さん　ショップ経営　47歳　女性

高校生の時に、ちょっと気になっていた人が転校してしまうことがわかり、気持ちを伝えておこうと思いました。今から思うとわりあいとクールで、つき合うとか、そんなことは全く考えていなくて、「会えなくなる前に言っておこう」くらいの気持ちでした。友だちに頼んでその人を呼び出してもらい、「気になってました」って言って。そして思い出にデートみたいなのをしておきたいなと思って、一緒に映画を観に行くことにしたんです。

相手が引っ越すまでにあまり時間がなく、田舎だったので映画館も三つぐらいしかなかったので選択肢もそれほど多くありませんでした。たぶん話題になっていて、面白そうだったのが『ロボコップ』でした。

実は『ロボコップ』の印象はあまり思い出せないんです。二本立てでやっていて、タイトルは忘れてしまったのですがもうひとつの黒魔術の映画が、生け贄をささげたりするようなけっこう怖い内容だったので覚えてます。グロテスクでちょっと暗い気持ちになるような……。

デートも初めてだし、学校帰りだったので観ている時にお腹が鳴ってしまって、そのことばかりが気になって映画に集中できなかったこともあったのかな。二本立てだったので観終わったあとはかなり遅い時間になってしまって、たぶんそのまま帰ったんじゃなかったかなと思います。

デートはその一回きりで、空港に行くバス乗り場まで見送りに行きましたが、引っ越し先の住所さえ聞かず、そのままになってしまいました。

『天空の草原のナンサ』は、結婚した人と初めて観た映画です。彼とは共通の知人がいて、忘年会のような場所で会いました。

映画に行ったのはまだつき合う前で、知り合ってから二、三か月経った頃でした。モンゴルの少女のドキュメンタリー映画で、彼がモンゴルに行ったことがあると話に聞いたので、「今度、モンゴルの映画やるけど行く？」っていう感じで私から軽く誘いました。彼に少し興味があったけど、誰に対してもフレンドリーな人だったし、仲のいい男友だちで面白そうっていうぐらいで誘ったんだと思います。

映画、とっても良かったんですよね。モンゴルの草原と青い空。私も旅が好きなので、モンゴルの映画を観て、そのあとカンボジア料理の店でご飯食べて……って、ちょっと旅っぽい感じの時間を楽しみました。その監督の映画も、そのあと気になって、『らくだの涙』のＤＶＤも買いました。

そのあと少ししてからつき合いだしたので、『天空の草原のナンサ』は二人が近づく大きなきっかけになったんだと思います。

## ✦デートで映画に行くって？

映画を観てどこが面白かったかって、そういう価値観って大事だと思います。大人になってからは一人でも行くことも多いけど、観終わったあと、ひとことふたこと語りたいんですよね。ウンチクを語ったりするのは好きではないけれど、「あー、良かった」とか「そうでもなかった」って言える人がそばにいるっていうのはいいですよね。

STORY 17

# 「こういうの観たかったの？」と言われ、大失敗

『ドゥ・ザ・ライト・シング』
M.S.さん　保育士　48歳　女性

十九歳の時、学校の煙草を吸う場所で時々一緒になって、話してて面白いなと思ってている人がいて、誘われて二人で出かけるようになりました。つき合ってほしいと言われたわけではなく、でもたぶん、お互いに友だちよりは少し特別な気持ちを持ってたと思います。渋谷か新宿あたりに遊びに行った時に映画でも観ようということになりました。「何か観たいものある？」って聞かれて「『ドゥ・ザ・ライト・シング』を観てみたい」って言ったんです。ニューヨークのブルックリンが舞台で黒人差別をテーマにした映画です。普段から時々映画はチェックしてたので、そういう映画を観るのがかっこいいんじゃないか

なと思って言いました。本当は『ライフ・イズ・ビューティフル』のような温かくて感動する映画を観たかったんですけど、デートをするということも、二人で映画館に行くということも初めてで、緊張していたし、自分のことをまだ出せずにいたので、そういう映画を観たら感情が外に出てしまうかもしれなかったので恥ずかしくて言い出せませんでした。

『ドゥ・ザ・ライト・シング』は若いエネルギーをばっと出すような感じで、音楽もパワフルで破壊的でした。私自身はものすごく面白かったというわけではありませんが、こういう世界があるんだと、それなりに刺激を受けたんです。そうしたら観終わった時に彼が「こういうの観たかったの?」って言ったんです。あきらかに「俺は好きじゃないな」っていうニュアンスが入ってました。「こういうの観たい奴なのか?」って。

私、中学時代はソフトボール部にいたので、みんなで運動をしたりしてワイワイ楽しむのが好きなところがありました。一方で『ライフ・イズ・ビューティフル』のような心がじーんとするような映画を観たり、絵をじっくり観ていたいところもあったんです。彼はとても楽しい人で「ワイワイ楽しむ」ところで学校で気が合って面白い人だなって思ってたんですが、観終わったあとのそのひと言を聞いた時、「あれ、何か違うかも」と思いは

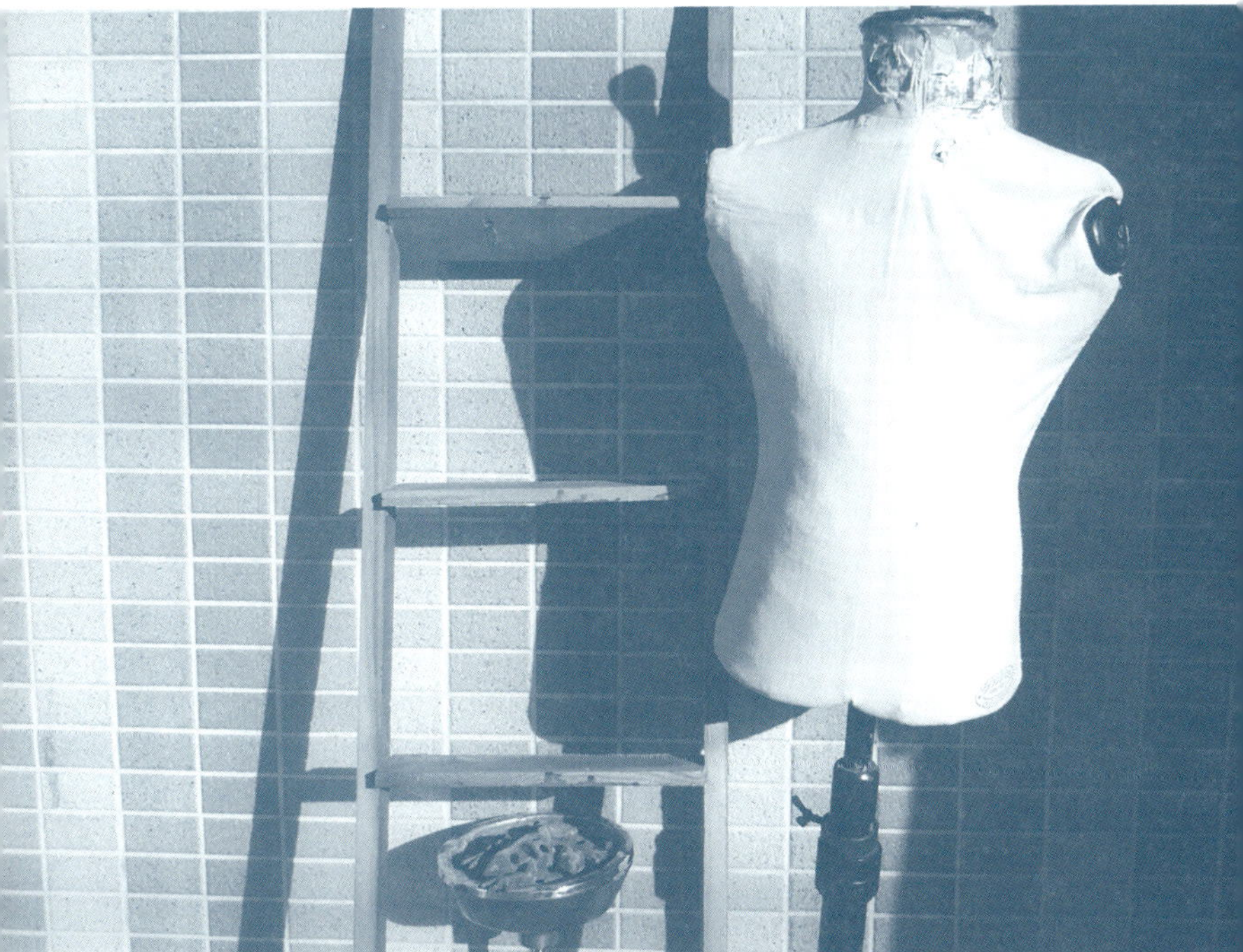

じめました。自分でも「私はこの映画を観たかったんだろうか？」なんて自問自答したりして。映画のあとにご飯を食べに行ったんですけど映画の話は確か一切出ずに「失敗したなぁ」って……。

感性の部分で彼とは何かが決定的に違う気がしてしまって、それから二人でどこかに行くことはなくなってしまいました。二人きりではなく、みんなでワイワイと遊ぶ日常に戻り、まあ、これはこれでよしとしようと思ったんです。たとえば最初に私がもっと違う映画を選んでいたら、違った展開があったかもしれません。あるいは『ドゥ・ザ・ライト・シング』のあと、「次、これ観てみよう」ってどちらかがまた誘えてたら。残念ながら、そうはなりませんでした。

大人になってイラン映画の『友だちのうちはどこ？』というのを観て、すごく好きだなと思ったことがありました。しばらくして続編の『そして人生は続く』を、その時はまだ、ただの友だちだった人と観た時、終わってすぐにその人が「すごい良かったね、やっぱり面白いね」って感激して言ったんです。映画は一緒に観た人と共感できると余計楽しいんだなって、思いました。それが今、結婚している人なんですけれど。

## ✦デートで映画に行くって？

映画を選ぶ時、観てる時、そして観終わった様子で相手のことがよくわかるので、つき合いはじめの人たちにはきっといいと思います。やっぱり一緒に行くなら、感性や好みが一緒で、観ていて楽しめる人がいいですね。

STORY 18

# 十歳の切ない思い出と、十七歳のパンク少年との思い出

『青い珊瑚礁』と『ペギー・スーの結婚』

A.F.さん　イラストレーター　48歳　女性

異性と一緒に観た映画と言われて思い出すのは『青い珊瑚礁』です。当時私は父親の仕事の関係でアメリカに住んでいて、学校も普通のアメリカ人の通う小学校に通っていました。十歳の時、学校の授業で『青い珊瑚礁』を観ることになったんです。年頃の男の子と女の子が、漂着した島で生活をしはじめるというストーリーで、ブルック・シールズがヌード姿になることで話題になったんですね。性教育の一環だと思うのですが、アメリカの教育ってなかなか大胆ですよね。

映画は普段いつも授業をしている教室ではなく、席が階段状になっている講堂のような

ところでやりました。どこでも自由に座って良かったので、一番高いところにある席に行き、その時、いつも何となく仲が良く、よく目の合う男の子の隣に座ったんです。日本人ではなくて、ヒスパニック系の子でした。私のもう片方の隣には女の子の友だちが座っていて、彼の片方の隣には男の子が座ってました、

映画を観ながら、ふと気づくと私はその子と手をつないでいたんです。座った時から意識していたので、手が近くにあることはわかってたんですけれど。そのまま最後まで映画を観ていました。観ている間、熱くなって手に汗をかいてきて、放したいなと思ったりしたけれど、ドキドキしながら頑張ってつないでいたのをよく覚えています。今考えると、かわいらしかったなと思います。そのあと何かがあったというのではなく、ちょっと切ない気持ちになる思い出です。

ちゃんとしたデートで観た映画は高校二年生の時で『ペギー・スーの結婚』です。つき合っていた彼と行きました。彼は友だちとパンクロックのバンドをやっていて、ボーカル担当。金髪だったので学校でも目立っていて、洋服もパンクファッションで、革ジャンとか着ていてかっこよかったです。

Una novia para David
Film Cubano
Photograph

映画はキャサリン・ターナー演じる主人公が、ティーン・エイジに戻ってしまうお話で、一九六〇年代の音楽がたくさん流れるから行きたいという彼のリクエストでした。映画を観た時のことで覚えているのは、自分たちが、主人公の戻っていくティーン・エイジだったこともあり、中年役のキャサリン・ターナーが高校生の役を演じるというのにかなりの違和感があったこと。そして彼氏がポップコーンを買ったので、「やっぱりポップコーンを買うんだ」と思ったこと。でも何よりも惹かれたのは映画館に貼ってあった『ペギー・スーの結婚』のポスターでした。

ポスターは中央に大きな鍵穴があって、そこからキャサリン・ターナーがこっちを見ているデザインでした。それまでも映画館に行ったことはあったんですけど、初めてポスターの面白さに気づきました。チラシにもなっていたので持って帰り、その後、映画に行くたびに気に入ったデザインのチラシを探すようになりました。レコードジャケットやポスターのデザインに興味を持ちはじめたのは、この映画がきっかけだったと思います。

自分から誘ったのは実はホラー映画が多く、大きい画面で観る迫力を存分に味わえるから。でも女の子の友だちは怖がるので彼を誘う……という。残念ながら少女マンガに出てくるような、いきなり男の子からデートで映画に誘われるという経験はなかったです。

## デートで映画に行くって？

楽しむだけじゃなく、何かを吸収したいと思う映画はひとりで観たい気持ちがあります。彼と一緒に映画に行くのは、どこかプロセスを楽しむようなところがあるんじゃないかと思います。観る映画を二人で一緒に選ぶということをしなかったので、それをしていたら私の中で映画のデートがもう少し違う存在になっていたかもしれません。

STORY 19

# ついつい夢中になって話しすぎてしまう…。

『羊たちの沈黙』

M.K.さん　映画制作会社勤務　45歳　女性

初めてデートで映画を観に行ったのは浪人中でした。高校三年生の終わりぐらいからつき合い出した人で、彼も浪人中。お互い予備校生でした。映画に行ったのは夏休み。夏休みといっても予備校通いの日々だったので、きっとテストがない日に、時間ができたので気分転換に映画でも観ようか、ということになったのだと思います。つき合いはじめてから時間も経ってたので特にドギマギすることもありませんでした。

住んでいたのが田舎だったので、どの作品を見るかという選択肢はあまりなく、二つくらいの中から、ちょうど話題になっていた『羊たちの沈黙』を選びました。ホラーはあまり好きじゃないのですが、これならミステリーぎりぎりかと。

その頃からすでに私は映画好きでした。レンタルビデオ屋さんがあちこちにできていた頃で、お小遣いをもらってはレンタルビデオ屋さんに行って片っ端から借りて観るという感じ。

『羊たちの沈黙』ものめりこんで観て、観終わったあとは、主人公のレクター博士とジョディ・フォスター演じるクラリスとのやりとりについて「こういうことかな？　ああかな？」ってあれこれ細かく自分の感想を話した覚えがあります。相手がノって相づちをうってくれていたのかどうか、そのあたりのことはあまり覚えていないんですよね。結局彼とは、冬前には別れてしまいました。

全く別の人から、『ツイン・ピークス』の劇場版映画『ローラ・パーマー最後の7日間』に誘われたこともありました。

私は高校生の時に『ツイン・ピークス』にめちゃくちゃはまってビデオで全部観ていたので、観終わったあと、やっぱり夢中になってしゃべって引かれてしまった記憶があります。

最近でも、家でＤＶＤなんかを観ている時、「このシーン はさ……」などと口をはさみそうになると、息子にも言われるんです、「ちょっとだまっててよ」って……。オタクみたいなところがあって、ついつい夢中になって話してしまうから、もしかしたら初デートの時も、相手は白けていたかもしれませんね。

## ✦デートで映画に行くって？

私はいつも「観たい作品リスト」があったので、そのリストにある作品に誘われたら観に行ってたと思います。入ってなくてもおごりだったら行ったかもしれません！　自分に関係なくお勧めするとしたら、絶対誰でも感動するような『ラ・ラ・ランド』とか『レ・ミゼラブル』、『グレイテスト・ショーマン』といった、音楽が物語を盛り上げてくれるハリウッド映画がいいと思います。

# 50代

Fifties

デートで初めて行った映画は何ですか？

STORY 20

# 二年ぶりに会う<br>同級生と行った映画、<br>そして、<br>沈黙のデートのわけ

海外出版エージェント
近谷浩二さん

『愛と青春の旅だち』

高校二年生の時、同じクラスのSさんという女性がどうやら私に思いを寄せてくれているらしいという噂が立ちました。証拠はないし、本当かな？　と、私は最初、疑ってかかってました。修学旅行先のバスで無理矢理隣りの席に座らされてしまったこともあったんですが、恥ずかしくてひと言も口をきけませんでした。

でも、その修学旅行を機会にすごく意識するようになり、Sさんをだんだん好きになってしまいました。バレンタインにチョコレートをくれた時はものすごくうれしかったです。うれしくて、ホワイトデーにお返しをしたんですけど、つき合うなんていうことにもならず、奥手だったんですね。

三年生もSさんと同じクラスになりましたが、別の女の子が何だか私に急接近してきて、さぼった授業のノートをとってくれたりしはじめたんです。私はその人を好きでも何でもなかったんですが、Sさんはそれで離れていってしまい、結局ちゃんと話すことができないまま卒業してしまいました。

広島の高校だったんですが、私は一浪して京都の大学に進みました。一年生の夏頃だったか、ある日突然、アパートの共同の電話にSさんから電話がかかってきたんです。明日、京都に行くので会えませんか？　って。もうびっくりしました。浪人時代も会ってないし、もう二年以上口をきいていないし、私の連絡先だって知らないはずでした。でも正直、うれしかったです。

同じアパートにいる先輩に大慌てで、どうしたらいいかを相談したり、急いで床屋に行ったりして。その頃、空手の道場に行き出していて頭が角刈りだったんですが、それが伸びてどうしようもない状態になってたので、ちょっと整えてもらいました。

デート当日は街中で待ち合わせをして、おそらくどこか歩ける範囲で散歩をしてから映画に行きました。前の日に先輩が勧めてくれた『愛と青春の旅だち』です。リチャード・ギアが海軍士官の養成学校に入って、すさまじい訓練を乗り越えて成長していく青春物語。私も空手道場でかなり厳しくしごかれていたので、肉体的にもリンクして、自分のことのように思いながら観たのが非常に印象に残ってます。

当のSさんはというと、会ってからずっと自分のことは話さず、思い出話に花が咲くこともなく、全くと言っていいほど会話は盛り上がりませんでした。何だか思いつめたように黙っていて、ずっと静かで。わざわざ広島から京都に来たというのに、私にも訳がわかりませんでした。最後は居酒屋かなんかに入って、ジョッキでひたすらビールを飲みました。彼女はそのままバスに乗って、まだ明るいうちに帰っていったと思います。私の頭

Me!

の中はもう、はてな？　はてな？　はてな？　です。

謎が解けたのは三年生になってから。就職活動中に、大阪の大学に進んでいた同じ高校の女の子と一緒になったら、彼女からSさんが来たことを尋ねられたんです。彼女はSさんの親友で、私の連絡先を教えたのは彼女でした。そして、実はSさんはその時結婚を迷っていて、私のことを吹っ切りたいから、最後に一度会っておこうと訪ねて来たんだと教えてくれました。そこでもまたびっくり。あの時のSさんの押し黙ったような感じがようやく理解できました。地元は広島の田舎のほうだったので、結婚が早い人もたくさんいましたから。

普段は忘れてしまっていますけど、「デートで初めて行った映画」と聞いて、すぐにあの時のことを思い出しました。映画も、テーマ曲もまざまざとよみがえってきて。京都の街を一緒に歩いたこととか。

デートで映画というのは、異空間での体験を共有するという意味では記憶に残りますよね。他の人も一緒に、何だかコミュニティのようなつながりを感じて。映画が「体験」として残るんだと思います。デートのためにリサーチして、どの映画がいいかと選ぶ行為自体からデートが始まってる。それって貴重だと私は思います。

## 近谷浩二

Koji Chikatani

海外出版エージェント。1967年広島県生まれ。立命館大学法学部卒業後に渡米。UCLA Extensionで映画製作の勉強をし、マコ岩松の劇団に入り、全米映画俳優組合員に。帰国後（株）トランネットに入社し、世界の書籍の日本語版をプロデュース。現在は国内の本を海外、特に欧米諸国で翻訳出版することに注力し、芥川賞作家や直木賞作家の海外でのブランディングも行う。親交の深い作家ロジャー・パルバースが自身の脚本で初監督した映画『STAR SAND 星砂物語』に憲兵役として出演、2017年に公開された。http://jwh.trannet.co.jp/

STORY 21

# オールナイトで睡魔に襲われて。

『マタンゴ』
Y.K.さん　イラストレーター　59歳　女性

小さい頃から映画は好きで良く観ていて、中学生の時にはウディ・アレンなどが影響を受けた、スウェーデンのイングマール・ベイルマン監督の映画が好きでした。ジャン・コクトーの撮った映画も、『美女と野獣』とか好きでした。岩波ホールにも、よくひとりで行くような学生でした。

初めてデートで映画に行ったのは大学生の時です。『マタンゴ』という一九六三年公開の水野久美主演の映画。リアルタイムではなく、浅草の名画座のような映画館で三本立てのオールナイトをやっていたのに行きました。船に乗った若者たちが流れ着いた島での話で、やがて体にキノコが生えてきてしまうという……。一部の人にすごい人気があったマニアックな映画です。

　私は美大で、初期の頃の「宝島」などを愛読しているサブカルチャー派。漫画の「ガロ」も読んでました。周りにいる人たちも、とがっていたり、実験的な映画や舞台に興味がある人たちが多かったので、『マタンゴ』も話題に出ることがありました。

　一緒に行った彼も、新歓コンパで知り合った美大生でした。つき合いたての頃はバイクで出かけたりすることも多くて、映画を観に行ったのはつき合ってしばらくたってからだったと思います。「ぴあ」などの情報誌を見て「『マタンゴ』やるから行こう」って。

　ところがオールナイトで行ったせいか途中で睡魔に襲われてしまい、はっと気づいたら、もう水野久美にキノコが生えてて「あ、キノコ生えてる……」って思って、またうとうと眠ってしまったんです。その映像のイメージも本当にこの目で観たものか、何か雑誌に載っていた写真をもとにねつ造した記憶なのか、あやふやです。これでは観たことになるのかどうか。

　映画館へ入る前に食事に行ったと思うんですが覚えていないし、終わったあとにどうやって帰ってきたかも忘れてしまいました。私は実家だったので、きっと親には友だちの家に泊まりに行くとかうそをついて観に行ったはずです。考えてみたら、あの頃はうそをつきまくっていました。そのあと『サタデーナイト・フィーバー』もなぜか、オールナイトで観に行きました。彼がアルバイトをしていたので夜しか時間がなかったのかな。

彼とは三年近くつき合ったのですが、私が短大で先に社会人になり、彼は大学四年になって、何となくその頃からうまくいかなくなって結局別れてしまいました。

人生でもうひとり、一緒に映画を観た男性は結婚した相手で、つき合いはじめの頃、もう題名を忘れてしまったのですがアメリカ大リーグ野球のNG特集というのに誘われて行きました。彼は芸術的なセンスが素晴らしい人だったので、観ている映画もきっとすてきなものなんだろうと思っていたら、野球NG特集でかなり意外でした。私は実は全く面白くなくて……。

デートで映画を観るということについては、あまりいい思い出がないです。結婚してからはレンタルビデオの時代に入っていったので、借りてきては子どもたちも一緒に家でよく観ました。本当に観たい映画は、ひとりで映画館に行って観るのが一番好きかもしれません。

## ✦デートで映画に行くって？

つき合いはじめであれば、その人のセンスがよくわかるのでいいと思います。何を選ぶかで、どんなものが好きで、どんな感じ方をするのかがわかりますよね。私の場合はどちらも、残念ながらすてきな思い出としては残っていないのですが。

STORY 22

# 全くいいことがなかったダブルデート

『ジャンク 死と惨劇』

R.U.さん　輸入雑貨代理業　55歳　女性

映画に夢中になりだしたのは中学生の頃。絵を描いていた叔父に「ぴあ」のことを「こんな有名な雑誌を知らないのか、お前」と言われ、「このやろー」と思ってから毎号買うようになり、隅から隅まで読んでました。中学、高校とずんずんはまっていって「ぴあ」に葉書を投稿したりもしていて、洋画オタクに近かったと思う。自分ひとりで観に行くことも多くて、週末におにぎりを作ってもらって映画館に行ったりしてました。

中学生の時もなんとなく二人で出かけるようなボーイフレンドはいて、映画も観に行ってたと思うんだけど、たぶん、全部自分の見たい映画につき合わせたんじゃないかなと思う。だから記憶がほとんどないです。

そんな中であまり良くない意味で印象に残ってしまっているのが、高校三年生のはじめに観た『ジャンク』という映画。私と、その時につき合っていた彼と、女の子の友だちとその彼のダブルデートでした。私は本当は、その時に雑誌で総合第一位になっていたコッポラの『地獄の黙示録』を観たいと思ってたんだけど、男の子二人が決めた『ジャンク』に行くことに。

自分の観たいものをあきらめて『ジャンク』になったのには訳がありました。それまで彼のバイクに乗って遠出したり、映画を観に行ってたんですね。映画はたいてい、自分の観たい映画につき合ってもらっていて。つき合い出してしばらくして、『ジャンク』を観る少し前に、何となく関係がギクシャクしてるかな？　と思った時期がありました。そうしたら、彼と話をしたという、その女友だちから、「デートっていうのはそこがどこだろうと、相手が行きたいところに行くのがデートなんだよ。自分の行きたい映画に、誰でもいいから連れて行くんじゃだめ。たまには行きたい所や観る映画を男の子に合わせなくちゃ」って注意されたからなんです。

まあ、それもいいかと『ジャンク』を観たのですが、殺人犯が刑務所の電気椅子で処刑

されるシーンや、どこかの山奥の部族がお尻から槍を刺されて殺されるとか、人間が無惨に死んでいく様子をドキュメンタリーにしたもので、それが延々と続く映画でした。全然面白くなくて、でも終わって喫茶店でお茶を飲んだ時に、私以外の三人は「面白かったー」とゲラゲラ笑って話をしてたんです。私はとてもじゃないけど気持ちが悪く、人が死ぬところなんて観たくなかったのに。いくら相手の好みに合わせると言ったって、受け入れられるものと、受け入れられないものがあるじゃないかと、とっても不機嫌になっていました。

結局、それが何となくきっかけになったんだと思うんだけど、ある日彼から呼び出されて「何か合わないから別れましょう」って言われたんです。私は、相手が自分のことを好きじゃないなと察知したら、自分から先に冷たくして切ってしまうほうだったので、それまでふられたことがなく、実はそれが初めてふられた経験でした。彼をすごく好きだったとか、そういうことはなかったのですが、おそらく予期せずに「ふられた」ことがショックで、めちゃくちゃ悲しくなりました。

## ✦デートで映画に行くって？

隣どうしで、視線も合わせなくてもいい。共通の話題もできるし、二人が近しくなるいいきっかけになると思う。私は映画評論したくなっちゃうから、趣味が合えばいいと思うんだけど、そういう人とデートしたことはなくて残念です。

STORY 23

# 今でも映画館での彼女の横顔を思い出せる。

『犬神家の一族』と『ロッキー』

K.O.さん　中学校教員　56歳　男性

僕は男子高校で彼女は女子高校で、塾が一緒でした。女四人に男二人とか、その時に時間のある子たちでグループでよく会っていて、二人になることもたまにあったかもしれない。彼女のことは結構前から知っていたけど、特別な気持ちは持っていなくて、僕はグループ外に気になる子がいて、ちょっかいを出してはいたんだけど、その子からはあまりいい反応をもらえてなかったっていう感じだった。

ある日、彼女から「二人だけで会おう」って言われて、映画に行きました。告白されるとか「つき合ってください」とか言われたんじゃなく、映画を観て、そのあと食事かお茶をして、「じゃあ、また行こうね」って言って、また二人で会って。ただそれを延々とくり返していきました。映画館は街に三つぐらいあったかな。遊ぶところがたくさんあったわけじゃないから、行くのは映画か遊園地ぐらい。商店街に喫茶店やレストランがたくさんある街だったで、「今度はあそこ行ってみよう」「ここ入ってみよう」と行く店に困ることはなく、いろいろ入って、だんだん行く店がしぼられていったのかな。

映画はたくさん観たはずなんだけど覚えてるのは二つで、ひとつは『犬神家の一族』。沼に人が頭から刺さって足が出ているシーンで、彼女が「キャー！」ってくっついてきたから覚えてる。もうひとつは『ロッキー』で、ボクシングの試合のシーンでやられちゃう時、二人でくっついてハラハラしながら観たので覚えてる。たぶんほかにも『ジョーズ』とか『エクソシスト』とか観たと思うんだけど、あまり覚えてない。

覚えてないのは、映画館で彼女の顔を見ていることが多かったせいだと思う。彼女はいつも僕の右側にいて、左側に座ったことはなかったんだよね。四十年以上経った今でも、左からの横顔は思い出せる。正面の顔は思い出せないんだけど、鼻から唇、あごのラインなら、描けって言われたら描けると思う。顔を見てたのは、けっこう彼女のことを好きになっちゃったから。僕は顔をスクリーンの方に向けて横目で見てたから、彼女が気づいて

いたかどうかはわからないけど。観覧車に乗ってる記憶もあるけど、そこでも彼女は右側に座ってたと思う。

映画館で、知らない人ばかりだけど人目がある中にいて、大人としてまともでいようという意識もありながら、でも気になる人と一緒にくっついていられる時間をたくさん過ごして。何回も何回もくり返して、そうやってゆっくりと時間が流れていったから、いやなところも受け入れられたし、見た目のほかのいいところもわかったと思う。もしも映画館という人の目がある場所じゃなく、二人だけになってしまう空間だったら、もっと早く距離が縮まって、あんなふうにゆっくりと相手のことを知っていくことはできなかったんじゃないかなと思う。

その子とは、僕が浪人している時もずっとそんなふうに一緒にいたけれど、彼女は専門学校に行き、僕が大学に合格したと同時に就職をしたんだよね。やっと大学に受かって、これからちょっと遊ぼうかなと思っている僕と、社会人になった彼女との間にはだいぶ差があって、そのうちにうまくいかなくなっちゃった。昔はすごく悲しかったけど、今は「彼女の横顔をずっと見ていたな」って、何か、いい思い出として残ってます。

## ✦デートで映画に行くって？

今はパソコンや携帯電話で繋げばすぐ映画が観られちゃうような環境だけど、大勢の中で好きな人と一緒にいるっていうのは、僕にとってはすごくいい時間だったと思う。

STORY 24

# フレンチトーストの作り方の変化に感心した彼

『クレイマー、クレイマー』

M.K.さん　介護施設職員　56歳　女性

一浪して予備校に行っていた時です。何人かの女の子と仲良くなり、そこに二人ぐらい男の子が加わって、よく話をするようになりました。予備校生ではありましたが、たまには息抜きにと、みんなで海に行ったりして。

その中の女の子が、ひとりの男の子を好きになってふられてしまったことがあったんです。男の子と私は帰る方向が同じだったので、帰りながらその話をしていたら、なぜか流れで告白めいたことを言われてしまい、それでつき合うことに。

浪人生だったのであまり遊び回るわけにはいかず、一緒に帰ったり、時々お茶を飲みに行ったりといった程度だったのですが、映画でも観に行こうかと行ったのが吉祥寺の二本立ての映画館でした。二本立てのもう一本は何だったのかは覚えてなく、特に恋愛映画とかではなかったんじゃなかったかな。

『クレイマー、クレイマー』はダスティン・ホフマンが父親役で、メリル・ストリープ演じる妻に出て行かれ、五歳の息子と一緒に二人の生活を始める話。なぜこっちの映画を覚えているかというと、見終わったあとに彼が、「最初は不器用にガチャガチャ大騒ぎで朝食のフレンチトーストを作っていたのに、ラストに近い、運命の裁判の朝には、とても器用にフレンチトーストを作って食べてて、すごいよなー」って言ったんです。

私はいつも、ただぼーっと映画を観ているので「そういえばそうだったな」と思って、ちゃんと観ていた彼を少し見直したんです。予備校の国語の成績では私のほうが点数がいいのになって、もしかしたらちょっとしたショックもあったかもしれません。

前に女友だちと映画を観た時も、その子が「あのシーンで足音が効果的に使われてたね」なんて言っていて、そういうところを観てる人がいるんだと思ったことがあって、彼も同じようにちゃんと観てるんだなと。でも「気づかなかった」っていうのはしゃくだから、彼がそう言った時には「うんうん、そうだね」って相づち打ったりしてごまかしてし

まいました。

そのあと、だんだん受験が近づいてきてしまったので彼と映画に行ったのはそれだけ。私は大学に受かり、彼は受からずに、音楽が好きで将来はミキサーになりたいって言ってたので、音楽の専門学校に進みました。私はサークルに入って大学生活が楽しくなってきて、彼のほうは何となく自分が大学生じゃないことに引け目を感じるようになったのかな。何となくギクシャクしだして残念ながら別れてしまいました。

そういえば大学に入ってからサークルの先輩と、男女のつき合いではなくただのノリで映画を学校帰りに観たことがありました。

家に帰る時間が遅くなったので、母親に「○○先輩と映画観てきた」って言ったら、真面目な顔して「男の人と二人で映画なんか行っちゃいけません」って真剣に怒られたことがあったんです。え、浪人時代にも行ってるけど……と思いながら「はい、ごめんなさい」ってあやまりました。親の世代は「男女七歳にして席を同じうせず」なんて時代もそう遠くなかったからなのでしょうか。

## ✦デートで映画に行くって？

若い時の初めてのデートだったらいいんじゃないかなと思います。でも私は天気が良かったら、映画館に行くよりも動物園とかに行くほうが好きです。せっかく二人でいるのに、しゃべらないでずっと黙って座っているのがもったいないな、と思って。

STORY 25

# 彼は映画を観ながら泣いていました。

『哀愁』
C.K.さん　飲食店店主　53歳　女性

初めてデートで映画に行ったのは当時つき合っていた人で、大学の先輩でした。知り合ったのは、大学の軽音楽サークルの人たちが集まっていた誰かの家だったと思います。私はそのサークルには入ってはいませんでしたが、音楽が好きだったので、軽音楽サークルのライブや練習を時々見に行っていたんです。それでサークルの友だちが誘ってくれて遊びに行ってみました。

話をしているうち、その人と、どこか感性が響くところがありました。あとで誘ってくれた友だちに「素敵な人だった」というようなことを感想として言ったら、それが伝わってしまったんです。

彼は何年も留年していて五つぐらい年上で、最初のうちはサークルの何人かと大学の学食でご飯を食べたりお茶を飲んだりしていましたが、そのうち二人で会うようになりました。北海道の大学だったので、つき合いはじめの頃はバイクに乗せてもらって、海に行って遊んだりしていたような気がします。冬になって寒くなり、雪もすごくなってバイクに乗れなくなったので、「じゃあ、映画でも行こうか」となったんじゃないかな。

彼は古い映画が好きな人だったんですね。札幌のホテルの一角に古い映画を上映している映画館があり、そこに『哀愁』を観に行きました。モノクロでヴィヴィアン・リー主演の物悲しい映画です。彼は何度も観ていて、そのたびに泣くんだと話してたんです。「今日も泣くから」と言っていて、本当に泣いてたみたいです。

ストーリーの中でヴィヴィアン・リーが演じるダンサーと、婚約したロバート・テイラーの将校が何かで会えなくなってしまうんですね。そこから二人の歯車が狂ってしまい、結局悲しい結末を迎えるのですが、彼が泣いていたのは、すれ違っていく二人のことをそれぞれ映し出すようなシーンだったかな。でも、声はかけませんでした。年上でしたし、どちらかというと彼はロック系の音楽をやっていたので、きっと見られたくないんじゃないかなと思ったので。

映画はとても良かったです。ヴィヴィアン・リーもきれいでした。

映画のあとはそれについて話すという感じは特になかったと思います。その人とは美術館なんかも時々行きましたが、お互い同じ絵のところでしばらくたたずむんですね。そうした感性は近いところがあって、同じものに感銘を受けてはいるんだけれど、何か感想を言い合うということはなかったんです。不思議ですよね。そんな人にはなかなか出会えないと思います。

『哀愁』以外は彼と映画を観ることはなかったのですが、私はそれから、そうした古い時代の映画をよく観るようになりました。

同じヴィヴィアン・リーの『風と共に去りぬ』も『哀愁』のすぐあとに見て、とても好きな映画のひとつです。今もやっぱり古い映画が好きで、最近の映画は観ることは少ないかもしれません。

## ✦デートで映画に行くって？

デートで誰かと行くとしたら、私は映画館よりももう少し解放感がある美術館や本屋さんのほうが好きです。出かけたり旅行したりするのはひとりのことが多く、相手と共通して観たい映画があるかどうかが難しいからかもしれません。

Sixties

# 60代

デートで初めて行った映画は何ですか？

STORY

26

# 「フランチェスコ」を
# 知りたいと言う僕を
# 彼の人生を描いた美しい映画に
# 誘ってくれた。

絵本作家

はらだたけひでさん

『ブラザー・サン シスター・ムーン』

高校時代は一九七〇年の安保闘争の頃、年齢相応に思い悩み、学校に反発して衝動にまかせて旅に出たりしていました。大学には進学せずに美学校という所で現代美術の勉強をしていましたが、悩みは深まるばかりでした。当時、吉祥寺あたりを中心に若者たちに支持されていた「名前のない新聞」というミニコミ誌があり、掲示板のような読者同士が情報を交換し合う欄で「どなたかアッシジのフランチェスコについて教えてください」という一文が目にとまったのです。僕はフランチェスコという響きにとても引き寄せられて、人の名前だろうということはわかったので「フランチェスコってどういう人ですか?」と、書いてあった住所に葉書を出してみました。

その人は僕より二つくらい年上の女性で、「フランチェスコという人はイタリアの中世の聖人で、石や風や太陽や月を兄弟姉妹と呼んでいた人です」という返事をくれました。その言葉からフランチェスコという人のことをもっと知りたいという気持ちがつのって、僕から電話をしたのかな。彼女はフランチェスコのことを『ブラザー・サン　シスター・ムーン』という映画で知ったと教えてくれて、ちょうど近くでその映画の再上映があるから一緒に観ませんか、と誘ってくれたのです。

会ってみると、彼女も人生に思い悩んでいました。一年間くらい、手紙を書き合ったり、時々会ったりしたでしょうか。ずっと前からどこかでつながっているような思いがして、僕は自分の悩みを率直に打ち明け、彼女も自分の悩みを話して。「フランチェスコ」を合い言葉に、そこから拡がる世界への思いを二人で熱心に語り合い、共感し合っていました。「人間って何だろうね」とか「人生って何だろうね」と。

そのような関係から、いつか恋愛に変わってゆく予感が互いにあったかもしれません。でも彼女には、日本を去っていった二度と会えないはずの外国人の彼がいました。ある日その彼が突然戻ってきて、彼女は決心をして彼の国へと行ってしまったのです。その後もしばらくは手紙のやりとりをしていたけれど、いつしか疎遠になってしまって。ですからこの映画には少し甘酸っぱい思い出があります。

彼女とはそうやって会えなくなってしまいましたが、僕はフランチェスコへの関心を深めてゆきました。アルプス山脈が見える長野の過疎地で、昼間は農作業をして、夜は近くのフランチェスコ派の教会から借りたフランチェスコ関係の本を読むという日々を送りました。ほかにも福生の米軍ハウスにいた写真ジャーナリストの広河隆一さんの家に住み込んだり、いろいろなことをしていましたが、その経験は僕の人生の一番の財産になっています。それは十八、十九、二十歳の頃のことです。

社会、あるいは人生に不条理を感じながら、どこかに本当の幸せがあると信じて転々としていたのかな。世界に対してペシミスティックな思いがある反面、全く逆のようだけどきれいな美しい世界に憧れていて、世界に否定的になりながらも、世界を肯定したいという思いがいつもベースにあって。だから森羅万象をすべて受け入れたフランチェスコとの出会いが強烈だったのだと思います。僕は世の中に否定的になっていたけれど、それを超える意識を知って救われたのです。フランチェスコの思想は、哲学者のバシュラールの想像力につながって、そうしているうちに僕は岩波ホールで働くようになり、絵本を描くようになり……。岩波ホールの映画で知ったグルジアの放浪画家ピロスマニの絵にも、フランチェスコの思いに通じるものがありました。

僕の場合は初めて女性と観た映画が、結果的にこんなにも人生に関わってしまったから、「デートと映画」と単純に結びつけるのは難しいけれど、好きな女性を映画に誘うのなら作品を通して彼女に自分のことを知ってもらおうとするだろうな。人生観だったり世界観だったり。あるいは社会に対する反抗、愛情など様々なことを映画に託して、共感してほしいという思いで誘うでしょうね。

## はらだ たけひで
## （原田健秀）
Takehide Harada

1954年東京生まれ。絵本作家。1989年絵本第1作『パシュラル先生』。産経児童出版文化賞入賞。1992年『フランチェスコ』。ユニセフ＝エズラ・ジャック・キーツ国際絵本画家最優秀賞受賞。主な作品に、絵本では『こころには森がある―パシュラル先生のはるかな旅』『パシュラル先生の四季』『しろいおひげの人』など。著書に『放浪の画家ピロスマニ―永遠への憧憬、そして帰還』『放浪の聖画家ピロスマニ』『グルジア映画への旅―映画の王国ジョージアの人と文化をたずねて』がある。1975年より岩波ホールに勤務。

STORY 27

# まどろっこしいセリフに唖然となった。

『東京物語』
W.Y.さん　元学校教員　62歳　女性

浪人して東京の大学に入学し、フランス文学研究会というサークルに入りました。部室に集まってはいろんな話をして、たまにみんなで映画を観たり飲みに行ったりするぐらいで主だった活動はあまりしていなかったんですが、それでも自分たちは進歩的で文化的なものを求めているんだという自負心のようなものは持っていた学生たちだったと思います。

十人くらいいた同学年のひとりから「京橋の近代フィルムセンターで『東京物語』をやってるけど、興味あったら行く?」って誘われました。小津安二郎の名前は映画ファンの人たちの口からよく出ていて知っていたので、一度観てみようと行くことにしました。当時、池袋あたりにある名画座でも二〇〇円ぐらいしたと思いますが、確かフィルムセンターは学生が七〇円ぐらいで観られたと思います。

私は山形出身で、地元に「グリーンハウス」という映画館があり、小さいけれどとてもいい映画をやってました。酒田大火というのがあって、そこが火元になって大火事になってしまうんですけど、高校生の頃は友だちとよく観に行ってました。でも男性と二人で映画を観たのは『東京物語』が初めてです。

『東京物語』は当時で二十年くらい前、私が生まれた頃にできたモノクロ映画になるんですけど、俳優さんたちのセリフがものすごくゆっくりで、「なんて間延びしたように話すんだろう。昔の映画って、こんなにまどろっこしいんだ」って驚きました。アラン・ドロンやソフィア・ローレンといった俳優や、『俺たちに明日はない』とか『イージー・ライダー』の映画なんかが流行っていた頃でしたので、正直言ってあまり面白いとは思えなかったと記憶しています。映画の中で親子関係がしっくり行ってないのを観ながら「私もあなるのかしら、なりたくないな」なんて考えるくらいで。「映画のことを聞かれたらどうしよう」なんて思いながら画面を観ていた記憶があります。

その人とは映画のあと、何回か電話をもらって横浜なんかに一緒に出かけたりはしたんです。友だちからも「小津安二郎の映画に誘ってくれる人なんて、いいじゃない」なんて言われたりしたんですけど、その時の私はやっぱり流行りの映画のほうが好きでした。自分のことを見てくれている人がいるというのはありがたかったのですが、退廃的なムードがあった時代なので、いい人よりもどこか挫折感のある人のほうが格好良く見えてしまったりして。

大学を卒業して社会に出てみると、映画に興味を持っている人はそれほどいなくて、小津安二郎の映画に行こうなんて言ってくれたのは後にも先にもその人だけでしたね。少し前に原節子さんが亡くなった時、テレビで『東京物語』をやっていたので改めて観たんです。引き戸の玄関、庭に面した縁側、障子。そんな日本家屋にしみじみとしてしまいました。風景もとても良くて、これが何十年かで日本が失ったものなんだなと感慨深く思いました。若い頃に間延びしたようだと思ったセリフは、言葉づかい自体も現在とは違っていて、今は日本語を粗雑に使ってしまっていて、日本語というものも失った部分があるんだと思わされました。そんな映画に若い頃から興味を持っていたその人は、きっといろいろ勉強をしていて、自分の好きな世界を広げていっていた人だったんだなと、今から思うと感心します。そして誘ってくれてありがたかったなと思います。あの時がなければ、小津安二郎の映画に出会うことはなかったでしょう。

## ✦デートで映画に行くって？

話す話題ができて楽しめるし、相手の感覚もわかるし、共通の思い出も残るのでいいと思いますよ。たとえその時点で特別なことがなくても、何年かして映画の情景、セリフ、音楽を、その時代のことと関連して思い出せるのもすてきなんじゃないでしょうか。

STORY 28

# 「ガハハハ」と彼が大声で笑うのが少しずつ気になってきて。

『続・男はつらいよ』

S.A.さん　主婦　66歳　女性

大学に入って、同じ学年の同じ学科に同郷の人がいたので話をするようになりました。それでなんとなくつき合いはじめることになり、初ボーイフレンドができたんです。学校で一緒にいたり、一緒に帰ったりしながら、きっと「映画でも観に行こうか」ということになって行ったのが「寅さん」でした。

確かマドンナは佐藤オリエだったので「寅さん」の映画としては第二回目。佐藤オリエのお父さんが学校の先生で、そのお父さんのために寅さんが江戸川でうなぎを釣るんです。ようやく釣れたと持って行ったら、残念ながらお父さんは亡くなっていたという、少し切ない終わり方でした。

彼は学校の授業中でもどこでも、人一倍大きな声で笑う人でした。まさに「ガハハハハ」って。もちろん「寅さん」ですから、映画館の中でも「ガハハハハ」って何度も笑っていて「目立ってやだなー」と思ったんですけど、つき合いはじめですから、その豪快な感じを良いほうに受け止めてました。映画は面白かったですし、楽しく観ました。

彼とは在学中、ずっとおつき合いをしたので、そのあとも「寅さん」の映画があるたびに行き、やっぱり彼は「ガハハハ」と笑っていました。そのうち、だんだん彼がいやになってきてしまったんです。長く一緒にいると、お互いわがままを言うようになるし、地を出すようになると思うんですが、よくよく考えて思ったのは、彼の「ガハハハハ」がいやなんだと……。

「寅さん」シリーズに共通して言えるのは、純粋で単純な優しさの中に屈折がある、ということだと思うんです。映画館では、観客それぞれが映画に感情移入し、自分に引き寄せた思いを持って笑い、涙し、楽しんでいる。それなのに、彼の映画館中に響く「ガハハハ」は、一人ひとりの想いを否定してしまうような、押しつけがましさを含んでいるように感じはじめました。わがままで、人の気持ちに寄り添えないのではないのかなと。

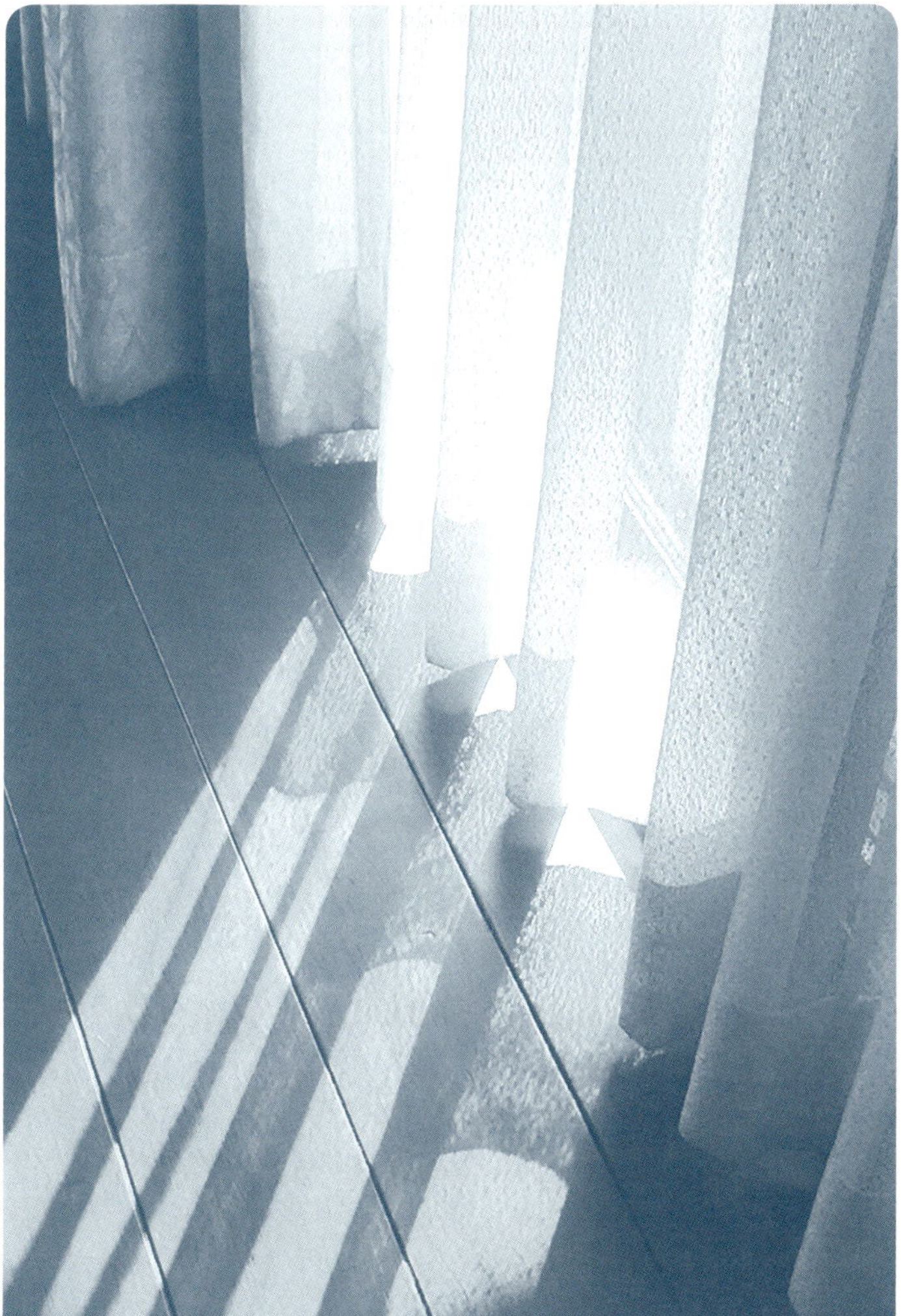

彼がもうひとつ好きな映画が任侠ものの「緋牡丹博徒」シリーズで、それも一緒によく観ていました。任侠ものの正義、白か黒かも、彼の独りよがりとつながっているように思えました。彼自身は屈折したところもある人だったはずですが、映画に関していえば、ごく単純な見方しかしていなかったのではないかな。

一緒にいる日々もどこか一方通行のところがあり、それが「寅さん」の映画を観た時の「ガハハハ」と全部つながって見えてしまって。私が就職して実家に戻り、彼は大学に残ってお互いの環境が違ってしまったこともあり、おつき合いすることをやめてしまいました。

風のうわさで、彼は結婚をしたけれど、家庭を全然ちゃんと守れていないらしいということを聞きました。そんな単純なことではないけれど、一緒に笑い合える人だったら、そうはならなかったんじゃないかと思えてならないんです。

それ以来、「寅さん」の映画を観るのは少し抵抗があり、単純には楽しめないところがあります。

## ✦デートで映画に行くって？

どの映画を選ぶかというのは人柄が見えてくるからいいかもしれませんね。でも私はデートだったらおしゃべりがしたいので、つき合いはじめは映画はつまらないな、と思いそうです。

STORY 29

# ラストシーンを先に観てしまったショックで。

『フレンズ ポールとミシェル』
C.U.さん 主婦 62歳 女性

中学三年生の冬休みに山荘へスキー合宿に行きました。

私たちの合宿は女の子だけで二十人ぐらいでしたが、スキー場で別の男の子のグループと仲良くなりました。グループには高校生もいて、何人かの人と連絡先を交換。しばらくしてから、その中のひとりから「映画を観に行きませんか？」って電話をもらったんです。誘ってくれた映画は『フレンズ ポールとミシェル』。自分たちと同じティーンエイジャー同士の恋愛映画で、当時、とても話題になっていたので「行きます！」ってふたつ返事でした。

デートなんてしている子は学校でもまだいなかったので、人よりも、ちょっと先にすてきなことができるのがうれしかったです。クラスのあの子には話せないけど、この子には話しちゃおうかな、なんて考えたりしていました。

自然がいっぱいの旅先で会った人と、都会で会ったらがっかりする、なんていう話もあったりするので、それもちょっと覚悟して出かけていきました。確か映画館は新宿だったと思います。

どこで、どんな風に待ち合わせをしたかは全く記憶にありません。当時の映画館は今みたいに完全入れ替え制ではなく、会場の外で待っていて、席を確保するためにエンディングロールが流れ出すあたりか映画が終わる少し前に中に入り、お客さんが立つと同時に座るという感じでした。

その日はお休みの日ですごく混んでいたので、「まだ途中だけど、座れなくなっちゃうから入っちゃおう」って彼から言われてラストの何分か前に入りました。そうしたら映画が最後のクライマックスになっていて、出産シーンが始まったんです。私はびっくりして外に出たいと思ったのですが、彼は席を確保するのに必死でどんどん先に行ってしまうんです。そのシーンにも全く気づいてなかったみたいです。

ようやく席に着いたものの、私はぐったりしながらエンドロールを見ていました。映画が始まってからも、まだショックから立ち直れず、最初のほうは上の空でした。でも観たかった映画だったので気を取り直してちゃんと観ました。ラストのほうになり、私はすでに衝撃的な場面は観てしまっているので何も怖くなかったけど、今度は彼のほうがドギマギしてたと思います。

終わったあと、どこかにご飯を食べに行ったと思うのですが、覚えているのは最初の衝撃だけで、ほかのことは何も覚えていないんです。

映画がそんなふうにめちゃくちゃだったから、という理由だけではないのですが、その人とのデートはそれきりになってしまいました。

きっとその人と会いたいと思ったわけではなく、「デート」への憧れと『フレンズ ポールとミシェル』に興味があっただけだったのかな、なんて今では思っています。

## ✦デートで映画に行くって？

中学・高校時代、女の子の友だちとは映画をよく観に行きました。人生ってああなのかな、こうなのかなって映画を観ながらいろんな思いをシェアした気がします。デートで映画に誘ってもらった時は、何を選んでくれるんだろう？　ってことが私には大事です。観たいものをずばり言い当ててもらえたらうれしい。

STORY 30

# 映画の余韻にひたろうとしたらジャマものが。

『ライムライト』

I・M・さん　クリニック受付　60歳　女性

大学は女子大だったんですが、近くの共学の大学に友だちが通っていて、その子がユースホステルのサークルに一緒に入らない？　と誘ってくれました。当時、各地に若者が泊まるようなユースホステルという宿泊施設があって、そこに泊まったり、バイトをしたりするようなサークルでした。

私は高校が女子校だったので、男の子にどう接したらいいか、けっこう戸惑うこともあったんですけど、同じ学年にとても話しやすい人がいて、好意を持つようになりました。とても明るくておしゃべりも上手で、私は話すのも苦手なほうでしたから、向こうがいっぱい話してくれるのがすごく楽でした。彼は理系だったと思うんですけど文学青年で、映画や音楽など、好きなものの傾向が似てたんです。

彼も私に好意は持ってくれてたようなんです。でもその人には旅先で出会って、遠くに住んでいる文通相手の女性がいました。彼女のことを彼は好きだったんだと思います。

サークルが終わったあと、帰る方向が同じなので一緒にいることが何度かありました。彼、チャップリンの映画が好きで「チャップリンは絶対にいいから観て。『独裁者』とか『街の灯り』とかいろいろあるから」なんて話をしてました。「チャップリンの映画は人間愛とかいろいろな要素が詰まっているから好きなんだ」って。そしてチャップリンの映画が上映されるのがわかったので、じゃあ、一緒に行こうかということになったんです。

観たのは『ライムライト』。その頃、映画はひとりで観ることが多かったから、二人で観るの、うれしかったですよ。『ライムライト』は道化師のチャップリンと、美しいダンサーの、切ないロマンティックな映画です。

終わったあと、余韻にひたりながら食事をして映画の話でもしようと思っていたら、なぜか同じサークルの男の人にばったり会ってしまったんです。「おまえら、何してるんだ」って言われて。私は見ればデートだってわかるでしょ……？　て思ったんですけど、その

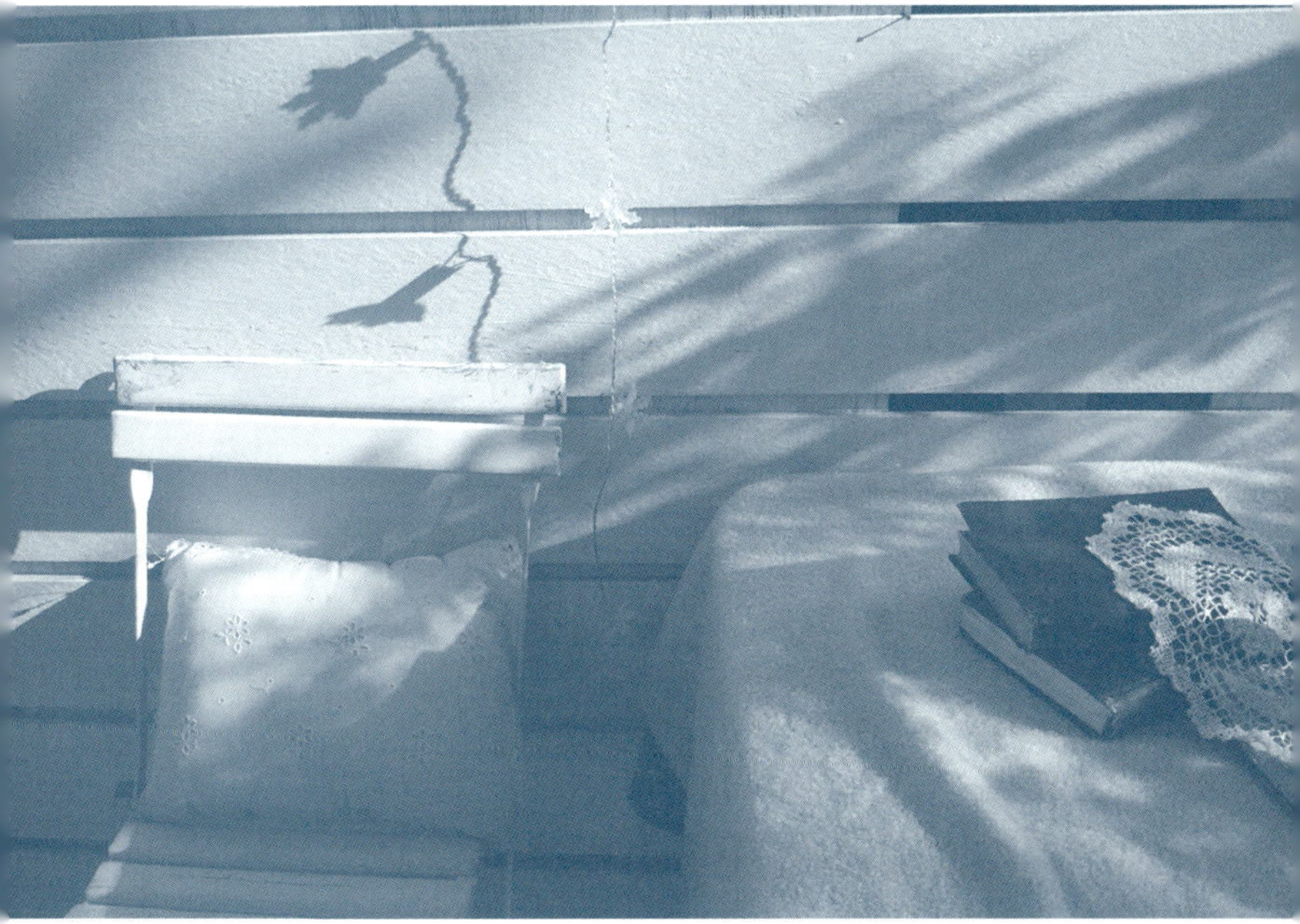

男の人は全く遠慮せずに、「ご飯食べに行くんだったら、俺も一緒に行く」って、ついてきちゃったんです。なので映画の余韻も何もなくなってしまいました。三人でしゃべりながらご飯食べて。

そのあと、気まずくなっちゃったということでもないんですけど、何となくまたどこかに行くということにはならなかったんですね。当時は下宿で、私の住んでいるところには電話もなかったので、連絡の仕方も今よりずっと面倒でしたから。

しばらくして春休みになり、サークルの何人かでユースホステルで何日間かヘルパーというアルバイトをしました。彼も一緒です。夜、みんなで自分の体験告白大会みたいなノリになった時、彼が、例の文通している彼女とどこかで、夜にボートに乗ったっていう話をしたんです。

彼は私にはっきり「好きだ」と言ってはくれなかったんですけど、好意は持ってるんだということは言ってくれました。でも、私のいる所でそんな話をするなんて、けっこうショックを受けましてね。まだ私も若かったので、どうしてそんな話をするの？　と聞いたりすることもできずに、私自身の気持ちもちゃんと伝えられないまま、卒業して自然消滅してしまいました。

## ✦デートで映画に行くって？

好きな人と映画に行くのってうれしいですよね。私だったら遊園地に誘われるより、映画に行こうって言われるほうがうれしいです。二人で並んで暗い中で観るって、いいじゃないですか。そのあとにご飯を食べて、映画の話をして。

## デートで行った映画リスト

20代

『木更津キャッツアイ』
『アナと雪の女王』
『スラムドッグ$ミリオネア』
『名探偵コナン 純黒の悪夢(ナイトメア)』
『恋空』
『Mommy／マミー』
『宇宙兄弟』
『風立ちぬ』
『君の名は。』

30代

『ピンポン』
『ある天文学者の恋文』
『Mr.ビーン カンヌで大迷惑?!』
『ヘドウィグ・アンド・アングリーインチ』
『アウトブレイク』

40代

『バック・トゥ・ザ・フューチャー』
『男たちの大和／YAMATO』
『ロボコップ』

『天空の草原のナンサ』
『ドゥ・ザ・ライト・シング』
『青い珊瑚礁』
『ペギー・スーの結婚』
『羊たちの沈黙』

50代

『愛と青春の旅だち』
『マタンゴ』
『ジャンク 死と惨劇』
『犬神家の一族』
『ロッキー』
『クレイマー、クレイマー』
『哀愁』

60代

『ブラザー・サン シスター・ムーン』
『東京物語』
『続・男はつらいよ』
『フレンズ ポールとミシェル』
『ライムライト』

デートで初めて行った
映画は何ですか？

2018年7月31日　第1刷発行

取材・文　柴田こずえ
発行者　岩崎弘明
編集　河本祐里
発行所　株式会社岩崎書店
〒112-0005 東京都文京区水道1-9-2
電話　03(3812)9131［営業］　03(3813)5526［編集］
振替　00170-5-96822

印刷・製本　株式会社光陽メディア

NDC916　19×13cm　ISBN978-4-265-80238-8



Published by IWASAKI Publishing Co., Ltd., Tokyo
Printed in Japan

乱丁本・落丁本は小社負担でおとりかえいたします。

●岩崎書店ホームページ
http://www.iwasakishoten.co.jp
●ご意見ご感想をお寄せ下さい。
E-mail info@iwasakishoten.co.jp